Die Grundsätze

des

heutigen preußischen Civilprozesses

und

ihre Anwendung

beleuchtet

von

Karl Buddee,
Kammergerichts-Rath.

„Mühsam und langsam schleicht auf dem Gebiete des Rechts die Erkenntniß, und auch bei hoher Reife entzieht sich noch manches ihrem Blicke."
Ihering, „Geist des römischen Rechts", Einl. pag. 16.

Berlin,
Verlag von J. Guttentag.
1857.

Vorwort.

Nachdem durch die Verordnung von 1846 das heutige Prozeß-Recht Geltung erlangt hatte, erwartete man eine neue Redaction der Prozeßordnung auf Grund der angenommenen neuen Principien. Es war gewiß wohlgethan, zunächst die Praxis von diesen Principien durchdringen, sie die Probe bestehen zu lassen. Zwar giebt der Umstand, daß die daneben noch Anwendung findenden Vorschriften der allg. Gerichtsordnung auf anderen Grundsätzen beruhen, oft Anlaß zu Zweifeln und Bedenken, diese finden aber durch die Praxis selbst ihre Lösung, und so ist für uns Juristen das Bedürfniß einer Codification nicht dringend.

Allein die Prozeßordnung ist nicht blos für die Juristen sondern beide, die Prozeßordnung und die Juristen sind um des rechtsuchenden Publikums willen vorhanden. Von diesem wird verlangt, daß es die Gesetze kenne; es darf also darauf Anspruch machen, daß die zu befolgenden Prozeßgesetze ihm zugänglich und verständlich seien, was nur möglich ist, wenn die Vorschriften derselben sich unter einander in völliger Harmonie befinden.

Die allgemeine Gerichtsordnung kam nicht nur diesem Bedürfniß belehrend und berathend entgegen, sondern es waren auch ihre Bestimmungen so angethan, daß der Mangel aller Kenntniß derselben einer prozeßführenden Partei niemals zum Schaden gereichen konnte. — Eines so wenig als das andre kann von der jetzt bestehenden Prozeßordnung behauptet werden. Wenn schon die Juristen oft zweifelhaft sind, wie weit eine oder die andre nirgend ausdrücklich aufgehobene Vorschrift der Gerichtsordnung noch anzuwenden sei, wie sollen Laien da mit Sicherheit hindurch finden? — Und doch kann der geringste Mißgriff empfindliche Rechtsnachtheile zur Folge haben, deren Härte und Unbilligkeit auf der Hand liegt, deren Abwendung aber den Gerichten nicht gestattet ist.

Um dies, sowie die Erfolge der neuen Prozeßordnung überhaupt zur Anschauung zu bringen, ist es nothwendig, daß die Praxis ihre Stimme erhebe, und die gemachten Beobachtungen und gesammelten Erfahrungen darlege. — Der Umstand, daß ich als Advokat und als Richter in verschiedenen amtlichen Stellungen unsern alten und neuen, sowie den gemeinen Prozeß anwenden helfen, auch einen Blick in die Praxis des rheinischen Prozesses zu thun Gelegenheit gehabt habe, trägt vielleicht dazu bei, mir die Uebelstände sowohl als die Möglichkeit der Abhülfe besonders einleuchtend zu machen. Ich übergebe daher in den folgenden Blättern mein Votum der Oeffentlichkeit mit dem Wunsche, daß auch andre Sachverständige sich mit ihrem Urtheil vernehmen lassen mögen, damit der Gesetzgebung zur Prüfung und Erwägung dieser wichtigen Angelegenheit Anlaß gegeben werde.

Berlin, im September 1857.

Der Verfasser.

Inhalt.

Einleitung.

§. 1. Man hat der alten Gerichtsordnung den Vorwurf gemacht, daß sie zuviel fordre, wenn sie dem Richter die Aufgabe stelle, nicht blos formales Recht zu schaffen, sondern mit allen Kräften dahin zu wirken, Formales — materielles Recht.

daß nie materielles Unrecht in formales Recht übergehe.

Das sei der Justizpflege zu leisten einmal nicht möglich, dürfe also auch nicht von ihr verlangt werden[1]). Die Parteien hätten

1) die nicht zu beschränkende Freiheit, über ihre Privatrechte zu disponiren;
2) das Recht sei den Wachenden geschrieben; — jede Einmischung des Richters — soweit sie nicht formelle Erleichterung des Prozeßganges sei, oder offenbare Ungleichheiten in der Stellung beider Theile ausgleiche, — sei unrechtmäßig;
3) der Richter könne das streitige Rechtsverhältniß nur in seiner Objectivität, wie es ihm von den Parteien vorgelegt werde, aufnehmen, dürfe seine Subjectivität nicht den Parteien aufdringen.

Wer etwas mehr von der Gerichtsordnung kennt, als den so oft gemißdeuteten und zur Anklage gegen sie benutzten §. 7 der Einleitung, wornach

der Richter selbst und unmittelbar den Grund oder Ungrund der Thatsachen untersuchen und ins Licht setzen soll;

wer insbesondere die Anwendung der Gerichtsordnung noch aus

[1]) Götze, das neue Preußische Civil-Prozeß-Gesetz v. 21. Juli 1846, seine Stellung zur Prozeß-Ordnung von 1793 und zum gemeinen deutschen Prozesse. (Berlin bei Besser) pag. 8 ff.

eigner Anschauung kennen gelernt hat, wird zugeben müssen, daß die schlechten Erfolge der letzten Zeit ihres Bestandes ganz wo anders ihre Ursache hatten, als in dem Princip, der Richter müsse sich bestreben, die materielle Wahrheit zu erforschen. Die Gerichtsordnung beschränkt

1) nirgend die Parteien in der Verfügung über ihre Privatrechte; auch
2) die von ihr vorgeschriebene sogenannte Einmischung des Richters hat eben nur den oben als statthaft bezeichneten Zweck, den Prozeßgang zu erleichtern und die den Parteien aus der Ungleichheit ihrer Stellung etwa drohenden Nachtheile abzuwenden. Was aber
3) den obgedachten dritten — den Schwer-Punkt — betrifft, so schreibt auch die Gerichtsordnung in ihren speciellen Regeln — Tit. 10, §. 5b — ausdrücklich vor, daß der Richter, was blos in seiner Privatwissenschaft beruht, nicht zum Gegenstande der Erörterung machen, *seine Subjectivität* also den Parteien *nicht* aufdrängen darf.

Allein die Parteien legen keinesweges dem Richter das Sach- und Rechtsverhältniß in seiner *Objectivität*, sondern nach ihrer *subjectiven* Auffassung vor; Sache des Richters ist es, die Objectivität, das wahre Wesen der Sache zu erkennen, das Recht und *Urtheil zu finden*. Diese *seine* Aufgabe will die Gerichtsordnung nur dem Richter recht dringend ans Herz legen, und wenn sie ihn §. 10 und §. 20 der Einleitung anweiset:

> er soll sich *bemühen, die Wahrheit zu erforschen bis die dazu vorhandenen Mittel erschöpft sind*,

so ist damit nur diejenige Tendenz ausgesprochen, welche jede Prozeßordnung haben muß, wenn auch die Thätigkeit des Richters zur Erfüllung seines Berufes verschieden geregelt werden kann.

Freilich muß — und das verkennt ja auch die Gerichtsordnung keinesweges — was schließlich für Recht erkannt ist, auch als Recht gelten; und es darf — wenige ausgezeichnete Fälle ausgenommen — dann nicht weiter in Frage kommen, ob es einer Partei gelungen ist, die Wahrheit zu verschleiern, — ob der Richter in Beurtheilung der Thatsachen oder in Anwendung der Gesetze geirrt hat, — auch der höchste irdische Richter ist nur ein Mensch, — der Streit muß einmal ein Ende haben, und dieses Ende ist durch positives Gesetz bestimmt. Wen es trifft, der fügt sich deshalb darin, als in ein unabwendbares Geschick, wenn es auch ein Unglück für ihn ist, durch das gesprochene — blos formale — Recht materielles Unrecht erleiden zu müssen.

Das ist in der Ordnung und beruht in der Unvollkommenheit aller menschlichen Einrichtungen; aber das wird Niemand behaupten, daß solcher Erfolg gleichgültig sei. Was wäre denn anders der Beruf des Richters, als dahin zu streben:

daß materielles Unrecht nicht formales Recht werde!

Das muß also die Tendenz jeder Prozeßordnung sein, und diejenige ist ohne Zweifel die beste,

welche den Sieg der Wahrheit am meisten sicher stellt[1]).

Wenn die für die Gewissenhaftigkeit ihrer Urtheilsprüche nur Gott verantwortlichen Richter „im Namen des Königs" erkennen, so hat das die Bedeutung, daß der König, welcher von Gott berufen ist, zu sorgen, daß Gerechtigkeit walte, die Ausübung dieses seines richterlichen Berufes ihnen übertragen hat. Und Gerechtigkeit kann nur aus der Wahrheit hervorgehen.

§. 2. Die erwähnte Einleitungsformel der richterlichen Entscheidungen hat aber auch die Bedeutung: Parteien

daß der Staat mit all seiner Macht dafür eintreten wird, daß was für Recht erkannt ist, zur Geltung komme.

Der Rechtszwang kann nur eintreten, wo ein Unrecht offenbar geworden und dies durch den Urtheilspruch festgestellt ist.

Im Gebiete des Privatrechts, wo der Staat zugleich Jedem die freie Bewegung in Handel und Verkehr gewährleistet, und deshalb sich nicht einmischen kann, um jedes das öffentliche Interesse nicht berührende Unrecht aufzusuchen und zu verfolgen, muß es demjenigen, der sich in seinem Rechte verletzt glaubt, überlassen bleiben, den Spruch des Richters nachzusuchen.

Ohne Kläger kein Richter.

Aber die Auffassung des Klägers ist nur eine subjective, der Richter ist nicht befugt, aus ihr allein zu schöpfen, um das Urtheil zu finden, welches auf objectiver Wahrheit beruhen soll. Der Beklagte hat dasselbe Recht, dies zu fordern, als der Kläger, er muß also auch seine subjective Auffassung unbeschränkt

1) „Gewiß ist das Princip der preußischen Gerichtsordnung, daß nämlich der Endzweck des richterlichen Verfahrens in der Verwirklichung des materiellen Rechts zu suchen sei, als das Ideal einer gerechten Gerichtsordnung zu betrachten." — (Roßbach, die Philosophie der Gerechtigkeitspflege, Würzburg 1852, pag. 121.)

vorbringen dürfen. Deshalb gilt unumstößlich auch im Privatrecht der Satz:

Niemand kann ungehört verurtheilt werden.

Contumacialfolgen.

§. 3. Der Rechtszwang tritt nicht ein, bevor ein Judicat ergangen ist. Beide Parteien sind bis dahin völlig frei, und so wie es dem Kläger unbenommen bleibt, mit seiner Klagebitte den Richter anzutreten oder dies zu unterlassen, eben sowenig kann der Beklagte gezwungen werden, sich zu vertheidigen. — Allein nach der Regel: quilibet praesumitur bonus, ist als Norm anzunehmen, daß jede Partei im Rechte zu sein meint, und der Beklagte wird, in dieser Meinung, nicht unterlassen, dem Angriff zu begegnen. Redlicherweise wird jedem Theile nur darum zu thun sein, daß die Wahrheit an den Tag komme und danach Recht gesprochen werde; es wird also auch jeder Theil bereit sein, zur Ermittelung der Wahrheit die Hand zu bieten, insbesondere dem Richter Rede zu stehen. Und der Beklagte muß dazu um so mehr bereit sein, als er weiß, daß der Richter berufen ist, gestörte Rechtsverhältnisse herzustellen, und daß er nicht urtheilen kann, ohne beide Theile gehört zu haben.

Der Beklagte, der geflissentlich der Ladung des Richters nicht folgt, begeht hiernach einestheils ein Unrecht gegen den Kläger, indem er den von diesem begehrten Richterspruch verhindert; anderntheils berechtigt sein Verhalten zu dem Verdachte, daß er den Richterspruch zu scheuen Ursache habe, daß er im Unrecht sei. Um so weniger kann ihm gestattet werden, dem Kläger das Seinige vorzuenthalten und die Handhabung der Gerechtigkeit zu verhindern oder auch nur zu verzögern.

Diese Erwägung führt von selbst dahin, daß es gerechtfertigt ist, gegen die Partei, welche dem Richter den Gehorsam versagt, Nachtheile eintreten zu lassen, und auf diese Weise — ohne allen Zwang — die Ordnung des Rechtsganges sicher zu stellen. Es leuchtet ein, daß die richtige Regelung dieser Contumacialfolgen für die guten Erfolge der Prozeßordnung von großer Wichtigkeit ist und überall in das System derselben eingreift. Soll dabei die Freiheit der Parteien respectirt, insbesondere auch die Wahrheit, auf welche allein der Richterspruch zu gründen ist, unbeeinträchtigt bleiben, so ergiebt sich:

1) Die Freiheit der Parteien darf nicht weiter als nöthig beschränkt werden;
2) die auf Verletzung der Ordnung gesetzten Nachtheile müssen

in der Natur der Sache ihre Begründung finden und dem Zweck entsprechen;

3) sie dürfen aber nicht weiter gehen, als der Zweck erfordert.

Bei den Römern*).

§. 4. In alten Zeiten, wo zwischen Forderungen aus Verbrechen und Ansprüchen aus andern Rechtsgründen noch kein genauer Unterschied gemacht wurde, pflegte der Kläger mit Hülfe seiner Sippschaft den Beklagten — nöthigenfalls mit Gewalt vor den Richter zu führen.

War der Beklagte abwesend, oder wußte er sich der Verfolgung des Klägers zu entziehen, so blieb nur übrig, sein Hab' und Gut anzugreifen.

Bei den Römern war es lange Zeit Rechtens, daß in solchem Falle dem Kläger von der Obrigkeit die missio in bona ertheilt ward; dem Kläger wurden die Güter des Beklagten überwiesen, zunächst nur zur Beaufsichtigung. Meldete sich dann in einer bestimmten Frist weder der Beklagte noch ein Freund, der seine Vertheidigung übernahm, so wurden die Güter dem Kläger zugeschlagen. Damit war der Beklagte nicht verurtheilt, er war aber, wenn er demnächst heimkehrte, als Kläger aufzutreten genöthigt.

Daneben gestattete die lex Rubria de Gallia cisalpina dem gallischen Magistrat in dem sehr einfachen Falle der pecunia certa credita, einen Beklagten, der entweder eingestand oder der nicht antwortete, sofort wie einen Verurtheilten zu behandeln und die Execution gegen ihn zu verhängen.

Eine wirkliche Verurtheilung setzte stets die vorhergegangene Litiscontestation voraus. War demnächst der Beklagte contumax, d. h. kam er verschuldeterweise dem obrigkeitlichen Befehl nicht nach, so wurde ohne ihn die Sache erörtert und es erfolgte seine Verurtheilung, möglicherweise aber auch ein freisprechendes Dekret.

Nachdem an die Stelle der Privatladung die richterliche Ladung getreten war, gestaltete sich das Verfahren dahin, daß auch ohne Litiscontestation gegen den Contumax verfahren und geurtheilt wurde. Doch erst nach dreimaliger vergeblicher Ladung war der Beklagte contumax. Dem Urtheil ging immer Prüfung und Erörterung des Anspruches voraus. Der Richter hatte

*) Hartmann, das römische Contumacial-Verfahren, Göttingen bei Vandenhök u. Ruprecht 1851.

freie Hand, den Beklagten zu verurtheilen, vom Kläger noch Beweis zu erfordern, nach Umständen auch ihn abzuweisen.

Die missio in bona kam damit außer Anwendung.

Die Wirksamkeit der Ladung setzte voraus:

1) daß das Gericht competent war;

2) daß der Geladene von der Ladung Kenntniß erlangt hatte; und

3) daß er verschuldeterweise der Ladung nicht gefolgt war[1]).

Das letzte wurde als feststehend angenommen, wenn der Beklagte auch der dritten Ladung nicht Folge leistete.

Die Contumacialfolge war:

bei persönlichen Klagen: in der Regel Verurtheilung — praevia causae cognitione; — eigentlich nur: Erörterung der Sache ohne den Beklagten;

bei dinglichen Klagen: die Annahme, Beklagter wolle die Sache nicht vertheidigen; in Folge dessen wurde dem Kläger der juristische Besitz — nicht blos der factische Besitz, wie bei der früheren missio in bona — übertragen.

Bei den Germanen.

§. 5. Aehnlich hat das Verfahren bei den Germanen sich ausgebildet.

In älterer Zeit erfolgte die Ladung des Beklagten durch Mahnung (mannitio) Seitens des Klägers unter Zuziehung von Zeugen, wo dann der Beklagte feierlich gelobte zu erscheinen (vadimonium der Römer). — Blieb er auf wiederholte Mahnung aus — was an sich Geldbuße zur Folge hatte, auch für den Kläger, wenn dieser sich nicht einfand, — so wurde er zuletzt vor den König gefordert, welcher die Acht gegen ihn aussprach, wodurch er rechtlos und der Kläger ermächtigt wurde, sich mit Gewalt zu dem Seinigen zu verhelfen[2]).

An Stelle der Mahnung trat demnächst das Gebot des Grafen (bannitio). Erschien Beklagter auf das dritte Gebot nicht, so verfiel sein Gut unter Königs Bann; und wenn er binnen Jahr und Tag sich nicht rechtfertigte, so wurde Kläger aus dem Gute befriedigt und das Uebrige confiscirt.

Später gestaltete sich dies dahin[3]), daß den auf die dritte

---

1) Hartmann l. c. pag. 168.

2) Eichhorn, Deutsche Staats- und Rechtsgeschichte, dritte Ausg. Th. I., §§. 76, 207.

3) Eichhorn, l. c. Th. II., §. 383.

Ladung nicht erscheinenden Beklagten die Strafe des Ungehorsams traf, und es erfolgte:

a. wenn auf ein Gut geklagt wurde, Einweisung des Klägers in dasselbe, — aus welcher aber unter gewissen Umständen der Beklagte es binnen Jahr und Tag wieder befreien konnte;

b. bei Klagen um Schuld die Auspfändung.

Hatte der Beklagte sich bereits auf die Klage eingelassen (nach der Litiscontestation), so war er auch in der Sache überwunden.

§. 6. Die strengen Formen des römischen Rechts, zumal in der frühern Zeit, konnten leicht einen unverschuldeten Rechtsverlust zur Folge haben. Dies gab Veranlassung zu der prätorischen restitutio in integrum, welche ist: Restitution.

„Herstellung eines früheren Rechtszustandes, gegründet auf den Gegensatz der **Billigkeit** zum **strengen Recht**, und bewirkt durch die ein wirklich vorhandenes Recht mit Bewußtsein abändernde Macht des Prätors.[1]"

Unter Billigkeit ist hier natürlich nicht etwa ein blos subjectives Meinen zu verstehen, sondern es ist der Gegensatz als ein nur scheinbarer aufzufassen, indem die aequitas oder naturalis ratio,. als die sittliche Natur des Rechts im Allgemeinen einestheils, und die logische Consequenz des buchstäblichen Rechts — strictum jus — anderntheils, nur verschiedene Elemente des Rechts sind, welche die Bestimmung haben, zu einer höheren Einheit verbunden zu werden[2]).

Die Hauptarten der Restitution — wegen Furcht, Zwang, Betrug, Minderjährigkeit u. s. w. — bildeten sich bald zu bestimmten Rechtsmitteln — Klagen und Einreden aus; von practischer Wichtigkeit blieb jedoch außerdem die sogenannte clausula generalis:

„Item, si qua **alia** mihi **justa causa** esse videbitur, in integrum restituam."

---

1) Savigny, System des R. R. Bd 7, pag. 96.

2) Savigny a. a. O. Bd. I, pag 55, vid. auch: „Die Lehre vom jus naturale, aequum et bonum und jus gentium der Römer" von Dr. Moritz Voigt (Leipzig bei Voigt u. Günther, 1856), pag. 348, §. 66:

„Die Aequitas als eine selbständig neben dem Rechte stehende Potenz vertritt die **jüngste Rechtsanschauung** der römischen Nation, wie solche unabhängig von dem gegebenen Rechte im Verlaufe der Zeiten und unter Einwirkung der Verhältnisse sich gestaltete."

Daß hiermit nicht ein schrankenloses Belieben gemeint sei, versteht sich von selbst; es wurden nur außer den genau bezeichneten auch andre verwandte Fälle als möglich gedacht, in denen nach dem Gesetz wahrer Analogie die Restitution nicht versagt werden konnte[1]). Der allgemeine Restitutionsgrund, Abwesenheit, ist in diesem Sinne näher dahin zu bestimmen:

daß die Restitution überall ertheilt werde, wo sich der Verlust des Rechts dadurch ereignet, daß der Berechtigte durch ein äußerliches Hinderniß abgehalten ist, die Handlungen vorzunehmen, wodurch der Verlust des Rechtes verhütet sein würde[2]).

Zu diesen äußerlichen Hindernissen, die in unendlich mannigfaltiger Weise eintreten können, ist auch die Rechtsunkunde unwissender und unberathener Personen zu zählen.

„Durch die strengen Formen des römischen Prozesses — sagt Savigny[3]) — konnte oft eine Partei in großen Nachtheil kommen, während ihr nicht böser Wille, vielleicht nur ein mäßiges oder auch gar kein Versehen zur Last zu legen war. Das war der Zweck dieser Formen nicht, und eine Restitution gegen solchen Nachtheil, unter ernster Aufsicht des Prätors, war daher eben so unbedenklich, als die Restitution gegen einen aus irrigen Beweggründen geschlossenen Vertrag gefährlich gewesen wäre. — Diese Restitution gegen irrige Versäumniß der Prozeßformen kam denn in der That — besonders in der älteren Zeit — häufig vor; und dieses ist als das eigentliche Gebiet der Restitution wegen Irrthums anzusehen."

Gemeiner deutscher Prozeß.

§. 7. Theils aus deutschem Herkommen, theils aus dem eingebürgerten römischen Recht bildete sich der gemeine deutsche Prozeß. Allein obwohl alles Römische zum Muster diente, hielt man es doch für bedenklich, es dem Ermessen des Richters zu überlassen, ob er im Falle der Beklagte contumax war, dem Kläger ohne Weiteres glauben, oder noch Beweis von ihm verlangen wollte.

Die — freilich oft in Pedanterie ausartende — deutsche Gründlichkeit strebte nach größerer Bestimmtheit, auch übte das hinzutretende kanonische Recht überall einen mildernden Einfluß.

---

1) Savigny a. a. O. Bd. 7, pag. 167. l. 26 §. 9 Dig. ex quib. caus. majores (IV, 6.) — l. 28 §. 2 ib.

2) Savigny a. a. O. — Holzschuher, Theorie und Casuistik, Bd. 1, pag. 234, Nr. 7 und die Allegate daselbst.

3) a. a. O. pag. 197.

Die Rücksicht, daß die Parteien vor Uebereilung und richterlicher Willkür zu bewahren seien, — eine Tendenz, die auch in der Unbeholfenheit der Richter ihre Berechtigung haben mochte, — stellte den Grundsatz fest,

daß gegen den ungehorsamen Beklagten anzunehmen sei, er leugne die Klage.

Der Kläger mußte also die Thatsachen, auf welche er seinen Anspruch gründete, allemal dem Richter beweisen. Nur seiner Einreden war der contumax verlustig, — und im Fall die Klage auf einer producirten Privat-Urkunde[1]) beruhte, galt diese für anerkannt.

Im Uebrigen blieb es bei der herkömmlichen dreimaligen Ladung, die Stadien des Rechtsganges wurden scharf begrenzt, und daneben die schon bei den Römern zuletzt allgemein gewordene prätorische Restitutionsbefugniß des Richters beibehalten, welche abgesehen von unabwendbaren zufälligen Hindernissen insbesondre Anwendung fand

a. wegen der Rechtsunkunde gemeiner Leute — ob rusticitatem — und

b. wegen Verschuldung des Sachwalts.

Preußische Gerichtsordnung.

§. 8. Die preußische Prozeßordnung von 1793 — bestrebt die immer mehr hervortretende Schwerfälligkeit des gemeinen Prozesses abzustreifen und ein schnelleres einfacheres Verfahren ins Leben treten zu lassen — erachtete

a. die dreimalige Ladung für eine nutzlose Formalität; Eine gesetzmäßig erfolgte und bescheinigte Ladung genügt, um den Beklagten von dem Anspruch in Kenntniß zu setzen und ihm die Gelegenheit zu seiner Vertheidigung darzubieten; dieser Ladung zu folgen und dem Richter Auskunft zu geben, damit er nach der Wahrheit zu erkennen im Stande sei, ist seine Pflicht;

b. genügt er dieser Pflicht nicht, so gelten die von dem Kläger vorgetragenen Thatsachen für zugestanden; wenn danach die Klage begründet ist, so wird der Beklagte verurtheilt, und obwohl die Entscheidung nur „Contumacialbescheid" genannt wird, hat dieselbe doch an sich die volle Wirkung jedes richterlichen Erkenntnisses.

---

1) Der auf öffentliche Urkunden zu gründende Mandatprozeß bleibt hier außer Betracht, da er die allgemeinen Prozeßregeln nicht berührt.

c. Die prätorische Restitution, welche der Richter ohne Anhörung des Gegners ertheilen darf, findet nur statt:

1) gegen einen Contumacialbescheid, wenn mit der Bitte darum die — wenigstens nothdürftige — Beantwortung der Klage erfolgt;

2) wegen versäumter Appellationsfrist[1]).

Außerdem ist von einer prätorischen Restitution niemals die Rede, — man nahm an, daß im gemeinen Prozeß dieses Institut vielfältig gemißbraucht worden sei[2]).

Vergleichung. Das richterliche Fragerecht.

§. 9. Auch nach der Litiscontestation treten nach gemeinem wie nach preußischem Recht dieselben Contumacialfolgen ein, dergestalt, daß ein Punkt, worüber die Partei — Kläger oder Beklagter — sich nicht erklärt hat, nach gemeinem Recht für geleugnet, nach der preußischen Gerichtsordnung für zugestanden gilt. Doch tritt der zuletzt gedachte Erfolg auch im gemeinen Prozeß ein, wenn der Richter oder der Gegner durch Vermittelung des Richters der mit der Wahrheit zurückhaltenden Partei bestimmt articulirte Fragen vorlegt. Die in diesen Fragen enthaltenen Thatsachen gelten dann im Falle der Nichtbeantwortung für zugestanden[3]).

In der That findet der anscheinend so grelle äußerliche Unterschied zwischen den Contumacialfolgen des gemeinen und des preußischen Prozesses seine Erläuterung und innere Uebereinstimmung in der verschiedenen Anwendung des richterlichen Fragerechts.

Der gemeine Prozeß geht zunächst davon aus, daß Niemand gezwungen werden könne, sich auf eine vielleicht ganz frivole Klage einzulassen; folgeweise muß der Kläger, der von dem Richter ein Urtheil gegen den Beklagten verlangt, zuvor dem Richter die Wahrheit seiner Angaben beweisen. Erst wenn der Beklagte sich eingelassen hat, muß derselbe dem Richter auf seine Fragen Rede stehen. — Es hat dies Princip einige Verwandtschaft mit dem altrömischen Vadimonium — nämlich dem durch Caution verstärkten Versprechen des Beklagten, sich vor Gericht zu stellen und auf die Klage zu antworten, — welches ursprünglich nur den Zweck

1) Aufgehoben durch die Verordnung vom 14. December 1833, §§. 21, 22.

2) Die sonstigen Restitutionen — A. G.-O. I, 16, §. 12 ff. — A. L.-R. I, 9, §§. 531, 537, 594. — ibid. § 56. — A. G.-O. I, 50, §. 167 u. s. w. sind in den ordentlichen Rechtsgang gewiesen und gehören nicht hierher.

3) Linde, Lehrbuch des deutschen gemeinen Civil-Prozesses, 6. Aufl. §§. 220, 221.

hatte, der gewaltsamen Ladung zu entgehen; dadurch wurde die Sache rechtshängig und den Beklagten trafen erhebliche Nachtheile, wenn er sich nicht gestellte; war aber kein Vadimonium geleistet, so hatte das Nichterscheinen des Beklagten auf den Rechtsstand keinen Einfluß.

Die preußische Gerichtsordnung giebt dem Richter nicht blos das Recht zur Frage, sondern legt ihm ausdrücklich die Pflicht dazu auf. Demgemäß gilt schon die Mittheilung der Klage an den Beklagten als eine Frage des Richters nach der Wahrheit des Inhalts; sonach stimmt es mit dem Princip des gemeinen Rechtes ganz überein, in der Nichtbeantwortung — eben so in der Nichtäußerung über ein weiteres Vorbringen des Gegners im Laufe des Prozesses — ein Zugeständniß zu finden.

§. 10. Dem angemessen karakterisirt sich die ganze Stellung des Richters zu den Parteien. Prozeßleitung.

Im gemeinen Prozeß ist die Thätigkeit des Richters nur dahin gerichtet, auf Anträge der Parteien geeignete Verfügung zu erlassen, endlich die Verhandlung für geschlossen zu erklären und zu erkennen, — sofern dies beantragt ist. Für die Prozeßhandlungen sind zwar Fristen bestimmt; die mit Versäumung derselben verbundenen Nachtheile treten aber nur ein, wenn der Gegner dies beantragt. Durch Beschleunigung dieser Anträge kann der Prozeß gefördert werden; es bleibt aber den Parteien überlassen, dafür zu sorgen oder den Prozeß ruhen zu lassen, in welchem Stadium derselbe sich auch befinden mag — denn nichts geschieht durch den Richter von Amtswegen. Obwohl sich dagegen nichts erinnern läßt, daß der Betrieb des Prozesses Sache der Parteien und kein Grund vorhanden ist, ihnen die Thätigkeit des Richters aufzudringen, so hat doch erfahrungmäßig im gemeinen Prozeß diese Ordnung der Dinge bei Sachen, die durch Advokaten betrieben werden, — wie dies die Regel ist — oft zu heillosen Verschleppungen geführt, zumal immer die restitutio ob culpam advocati als Nothbehelf übrig blieb.

Dem vorzubeugen, geht die Gerichtsordnung davon aus, daß es Sache des Staates ist, das gestörte Rechtsverhältniß wieder herzustellen, sobald diese Störung einmal durch Anbringung der Klage vor den Richter als dazu verordnete Behörde gebracht ist. Der Richter hat also von Amtswegen für den unausgesetzten Betrieb des Prozesses zu sorgen; ihm haben also von jetzt an beide Theile zu antworten; und das Verfahren wird — mag der

Kläger auch noch so nachlässig sein — so lange ortgesetzt, bis das Erkenntniß ergangen und publicirt ist — es sei denn, der Kläger entsagte ausdrücklich seiner Klage.

Prozeßstadien.

§. 11. In Folge dieser verschiedenartigen Prozeßleitung bildet im gemeinen Prozeß jeder Ausspruch des Richters einen Abschnitt in dem stufenweisen Fortschritt des Rechtsganges, ist darum definitiv, und kann nur durch Einlegung eines Rechtsmittels angegriffen oder durch Restitution rückgängig gemacht werden.

Der preußische Prozeß erlangt erst durch das Definitivurtheil seinen Abschluß; er bewegt sich zwar bis dahin in einer gewissen Ordnung, allein er bildet ein Continuum, innerhalb dessen der Richter unbeschränkt dem Zweck der Wahrheits-Ermittelung gemäß handeln soll und darf. Seine Verfügungen im Laufe des Prozesses sind völlig einflußlos auf die Rechte der Parteien; der Richter kann sie auf Ansuchen der Parteien oder aus eigner Bewegung abändern und zurücknehmen — die Parteien können sich auch, wenn sie das Verfahren des Richters für unrichtig oder unzweckmäßig halten, beschwerend an das Obergericht wenden, denn der Staat will für den richtigen Gang des Verfahrens sorgen.

Prätorische Restitutionen der Gerichts-Ordnung.

§. 12. Die prätorische Restitutionsbefugniß ex clausula generali kommt allerdings — wie oben §. 8 bemerkt — in der allgemeinen Gerichtsordnung nicht vor; es wäre aber ein großer Irrthum, darum anzunehmen, dieselbe sei abgeschafft. Nur der Name fehlt, aber auf das billige Ermessen, auf welchem allein die Restitution beruht, wird der Richter für die ganze Prozeßleitung dergestalt überall hingewiesen, daß vermöge desselben jeder Nachtheil, der die säumige Partei der Ordnung nach treffen sollte, leicht abgewendet wird. Die Versäumniß kann höchstens auf den Kostenpunkt Einfluß haben, alles Versäumte können die Parteien bis zum Schlusse der Sache nachholen. Die an sich so strengen Contumacialfolgen treten erst mit der Definitivsentenz in Wirksamkeit. Und da der Richter nicht nur berechtigt, sondern verpflichtet ist, die Parteien über jede erhebliche Thatsache genau zu befragen, so konnte es vorkommen, daß der erkennende Richter vor der Beschlußfassung über die Entscheidung noch die Stellung von Fragen an die Parteien verordnete, wenn aus den Verhandlungen nicht klar und deutlich erhellte, daß die Parteien über die Erheblichkeit der fraglichen Punkte genügend belehrt und zur Aufklärung derselben ausdrücklich aber vergeblich aufgefordert waren.

So enthalten die nach der Gerichtsordnung verhandelten Prozeßacten genau betrachtet, oft ganze Reihen von prätorischen Restitutionen ex clausula generali.

Einigermaßen verwandt mit dieser Art stillschweigender Restitutionen ist im gemeinen Prozeß der Fall, wo eine unberathene Partei sich nach eingetretener Versäumniß meldet, und — wenn sonst die Sache dazu angethan — die Bitte um Restitution als selbstverständlich supplirt, auch die Restitution — ob rusticitatem — brevi manu ohne weiteres ertheilt wird.

Persönliches Auftreten der Parteien.

§. 13. Mit Recht kann die Stellung, welche die allgemeine Gerichtsordnung dem Richter anweiset, indem sie ihm zur Pflicht macht, die Parteien auf jedem ihrer Schritte zu leiten, zu belehren, vor Nachtheilen zu behüten, und sich der gütlichen Beilegung des Streites mit allem Eifer zu befleißigen, eine patriarchalische genannt werden.

Eine nothwendige Consequenz hiervon war, daß mit den Parteien persönlich verhandelt und die Mitwirkung der Advokaten soviel als möglich beseitigt werden mußte — während im gemeinen Prozeß die schriftliche Verhandlung mit Advokaten die Regel bildete, und in größeren Sachen die Prozeßschriften durch Prokuratoren dem Gericht eingereicht werden mußten.

Rheinischer Prozeß.

§. 14. Der in der preußischen Rheinprovinz geltende französische Prozeß steht in seinen Grundprincipien dem reinen römischen Prozeß am nächsten.

a. Die Einmalige Ladung — deren Gewißheit durch bestimmte, meist bei Strafe der Nichtigkeit vorgeschriebene Förmlichkeiten gesichert ist[1]) — genügt, um gegen den Beklagten in contumaciam zu erkennen[2]), wenn er der Ladung nicht Folge leistet.

b. Das Contumacial-Erkenntniß (jugement par défaut) wird erlassen nach den Anträgen der erschienenen Partei, sofern sie begründet sind[3]) — also nicht nothwendig nur gegen den Beklagten sondern möglicherweise auch gegen den Kläger[4]), wiewohl der Natur der Sache nach dies

1) Code de procedure civile Art. 1, 61 ff.
2) Art. 149.
3) Art. 150 „si elles se trouvent justes et bien verifiées."
4) Art. 154.

seltener vorkommt. — Dabei ist der Richter weder angewiesen, anzunehmen, daß der Ausbleibende die Angaben des Gegners leugne, noch daß er sie zugestehe; sein freies Ermessen ist in keiner Weise beschränkt.

c. Dasselbe gilt auch für das Definitiv-Urtel nach der Litiscontestation. Was daraus, daß etwas anzuführen oder zu beantworten unterlassen worden, zu folgern sei, unterliegt der freien Erwägung des Richters, der allenfalls in der Audienz durch Ausübung des Fragerechts Aufklärung sich verschaffen und das persönliche Erscheinen der Parteien befehlen kann[1]). Auch kann der Richter auf Antrag einer Partei — wie im gemeinen Prozeß — die Befragung des Gegners über bestimmte Punkte verordnen; erfolgt keine Antwort, so können die betreffenden Thatsachen für bewiesen erachtet werden[2]). Also selbst in diesem Falle hütet sich das Gesetz, der Ueberzeugung des Richters irgend vorzugreifen — während der preußische wie der gemeine Prozeß[3]) das Zugeständniß unbedingt folgert.

d. Der Richter entscheidet niemals von Amtswegen und ohne daß eine Partei es beantragt, eben so wenig nimmt er vor der Audienz Kenntniß davon, ob die Parteien die an bestimmte Fristen gebundenen Prozeßhandlungen vornehmen oder nicht[4]). Die prätorische Restitution ex causula generali findet sich nur für den Friedensrichter, vor welchem die Parteien in Person erscheinen, verordnet[5]); dagegen

e. muß jede Partei sich im ordentlichen Prozeß durch einen Anwalt vertreten lassen[6]). Gegen den Anwalt, der gegen seinen Auftrag handelt, hat die Partei das Rechtsmittel der Mißbilligung, durch welches die Entscheidung der Hauptsache aufgehalten wird[7]). Außerdem treffen den Anwalt in gewissen Fällen der Verschleppung unerläßliche Ordnungsstrafen[8]).

---

1) Art. 119.
2) Art. 330.
3) Vergl. oben §. 9.
4) Art. 397 ff.
5) Art. 21.
6) Art. 75. 85.
7) Art. 352 ff.
8) Art. 107. 191. 293 etc.

§. 15. Ein den Beklagten sofort verurtheilendes Contumacial-Erkenntniß, wie unser Contumacialbescheid, kann im gemeinen Prozeß, vermöge der Natur seiner Contumacialfolgen nicht vorkommen. Vergleichung des jugement par défaut, mit dem Contumacialbescheid.

Der rheinische Richter verurtheilt den ungehorsamen Beklagten, falls er den Antrag des Klägers für genügend begründet hält; von der Befugniß, noch Beweise vom Kläger zu fordern, wird selten Gebrauch gemacht, und es gestaltet sich dem Anschein nach praktisch die Sache ganz eben so wie bei uns, denn der altpreußische Richter hat ebenfalls vor Erlaß des Contumacialbescheides zu prüfen, ob der Anspruch des Klägers nach den vorgetragenen Thatsachen rechtlich begründet sei.

Auch die Rechtsmittel gegen Contumacial-Erkenntnisse sehen sich auf den ersten Blick einander ähnlich, denn sowie hier durch Restitution, kann dort durch Opposition die Sache wieder zur Verhandlung gebracht werden.

Dennoch ergiebt sich hier sofort ein erheblicher Unterschied.

Gegen den Contumacialbescheid wird die Restitution ertheilt, wenn Gründe zur Entschuldigung des Ungehorsams dargelegt werden und eine nothdürftige Beantwortung der Klage erfolgt; der Richter gewährt sie nach seinem Ermessen und ohne Zuziehung des Gegners; es ist eine reine prätorische Restitution, ein Ausfluß des mildrichterlichen Amtes; sie wird so leicht nicht versagt, wenn nur die Frist gewahrt ist, und die Wohlthat der Restitution geht dem Restituirten selbst dann nicht verloren, wenn die vorgebrachten Restitutionsgründe sich demnächst als unwahr ergeben, was ihm nur eine Strafe zuzieht[1]). — Erwägt man, daß der Contumacialbescheid darauf beruht, daß die Behauptungen des Klägers für erwiesen durch Zugeständniß erachtet sind, und daß der Contumacialbescheid an sich die volle Wirkung eines richterlichen Urtheils hat, so muß die Leichtigkeit, mit welcher ein solches Urtheil doch wieder beseitigt werden kann, als Abnormität erscheinen.

Das den Beklagten, der sich gar nicht eingelassen, einen Anwalt nicht bestellt hat, verurtheilende jugement par défaut beruht nicht auf einem fingirten Zugeständniß, sondern lediglich auf der Erwägung, daß dem Kläger zu seinem Recht verholfen werden muß, und zwar in der zur Entscheidung bestimmten Audienz;

---

1) Allg. G.-O. I, 14, §. 77.

daß auch den Angaben des Klägers nicht widersprochen, folglich kein Grund vorhanden ist, dieselben zu bezweifeln. Indem der Richter demgemäß dem Kläger das Geforderte zuspricht, giebt er ihm — wie der römische Prätor bei der missio in bona — das Recht, den Beklagten wie einen Verurtheilten zu behandeln. Thut der Kläger dies nicht binnen sechs Monaten, läßt er nicht binnen dieser Frist das Erkenntniß vollstrecken, so verliert dasselbe seine Kraft und Geltung. — Bis zur Executionsvollstreckung darf der Beklagte Opposition einlegen [1]), und hängt es natürlich von dem Kläger ab, diese Frist abzukürzen. — Die Executionsvollstreckung wird nur als erfolgt angesehen, wenn der Beklagte Kenntniß davon erlangt; — auf diese Weise kann der Beklagte also sich auch in dem Falle noch Gehör verschaffen, wenn ihm unglücklicherweise von der Ladung nichts bekannt geworden wäre.

Hat Beklagter einen Anwalt bestellt, so ist fortan die Oppositionsfrist auf 8 Tage beschränkt, und kann dem Kläger so gut als dem Beklagten nöthig werden [2]).

Das Institut der Opposition beruht allerdings, wie unsre Restitution gegen Contumacialbescheide, auf der billigen Rücksicht, die Folgen einer unverschuldeten Versäumniß von der betreffenden Partei abzuwenden, und die Zulassung weiterer Verhandlung enthält gewissermaßen eine Restitution. Genau betrachtet, ist sie es aber keinesweges, sondern es ist das Urtheil, so lange die — jedenfalls genügende und für die andre Partei nicht beschwerliche — Oppositionsfrist läuft, nur provisorisch. Die Opposition ist ein Protest gegen das Urtheil, es bedarf dazu keiner Restitutionsgründe, sondern solcher Motive, die die Sache selbst betreffen; es wird darüber in einer Audienz verhandelt, und wenn z. B. der Richter findet, daß es dem Beklagten, der gewissermaßen nun die Rolle des Klägers übernehmen muß, nur um Verschleppung der Sache zu thun ist, so verwirft er die Opposition. Dadurch, sowie durch Ablauf der Oppositionsfrist, wird das jugement par défaut erst zum Urtheil mit voller Wirkung.

---

1) Art. 156. 158. 159. Vergl. das Hannoversche Gesetz über das Mahnverfahren v. 27. Juli 1852, §§. 6, 10.

2) Art. 157. Es versteht sich von selbst, daß ein Contumacial-Erkenntniß im späteren Verlauf des Prozesses selten vorkommen wird; denn es setzt voraus, daß der Sachwalt einer Partei die Audienz ganz versäumt, entweder weil er die Sache aufgiebt und nichts dafür zu sagen hat, oder aus Nachlässigkeit. Für diesen Fall ist die achttägige Frist genügend.

§. 16. Faßt man die Grundzüge dieser drei in verschiedenen Theilen des preußischen Staates gleichzeitig in Anwendung gekommenen Prozeßordnungen zusammen, so ergiebt sich Folgendes: Zusammenstellung.

A. Der gemeine Prozeß.

1) Der Richter leitet den Rechtsgang durch Verfügungen, die er auf Antrag der Parteien erläßt;
2) jede dieser Verfügungen ist entscheidend für den Abschluß eines Prozeß-Abschnittes, und
3) die im Ganzen milden, doch — namentlich der Ausschluß der Einreden — für den Verlauf des Prozesses nicht unwichtigen durch Versäumung der theils vom Gesetz, theils vom Richter gestellten Fristen verwirkten Contumacialfolgen treten sofort ein;
4) die Parteien bedürfen deshalb des Rechtsbeistandes, und müssen ihre Schriftsätze, damit sie in gehöriger Form verfaßt seien, durch Procuratoren dem Gericht einreichen lassen; —
5) sie bedürfen aber — bei dem entscheidenden Einflusse jeder richterlichen Verordnung auf die schließliche Sentenz — der prätorischen Restitution, besonders wegen Unwissenheit und wegen Verschuldung des Advokaten.

B. Die allgemeine Gerichtsordnung.

1) Der Richter betreibt von Amtswegen den einmal anhängig gewordenen Prozeß;
2) die von ihm zu dem Ende ergehenden Verfügungen sind ohne Einfluß auf die Entscheidung der Sache;
3) der Richter bedarf der strengen Contumacialfolgen um die Parteien zum Gehorsam anhalten und den unausgesetzten Fortgang des Prozesses sichern zu können;
4) die Parteien bedürfen keines Rechtsbeistandes, weil der Richter selbst verpflichtet ist, ihre Schritte zu leiten und sie vor Nachtheilen zu behüten; —
5) sie bedürfen deshalb, abgesehen von dem Contumacialbescheide, keiner prätorischen Restitutionen.

C. Der rheinische Prozeß.

1) Der Richter leitet nicht den Prozeß[1]), sondern bestimmt nur auf Antrag einer Partei die Audienz, in welcher die Sache verhandelt und entschieden werden

1) Die Prozeßsachen und deren Fortgang werden nur im Secretariat registrirt.

soll; die Vorbereitung der Entscheidung durch Schriftwechsel ist Sache der Parteien und ihrer Advokaten, welche unter sich die streitigen und unstreitigen Punkte feststellen;

2) die Fristen dieser schriftlichen Vorverhandlung sind durch das Gesetz ein für allemal bestimmt, es bedarf dazu keiner Mitwirkung des Richters, der auf Grund des durch den Schriftwechsel fixirten Sach- und Streitstandes und der mündlichen Verhandlung in der Audienz seine Entscheidung in der Sache erläßt.

3) Sind die Fristen verstrichen, so kann nichts die Ansetzung der Audienz aufhalten, wenn eine der Parteien sie beantragt[1]). — Um den Gang des Prozesses zu sichern, bedarf es also der Contumacialfolgen nicht und es giebt dergleichen auch nicht; der Richter urtheilt nur nach seiner aus den schriftlichen und mündlichen Vorträgen gewonnenen Ueberzeugung von der Wahrheit der Thatsachen[2]).

4) Die Parteien müssen sich einem Anwalt anvertrauen, einestheils um der Ordnung des Prozeßganges willen, anderntheils weil nur ein Rechtskundiger die Vertheidigung des Rechts gehörig zu führen vermag, und es angemessen erscheint, die Gerichtshöfe nicht durch ungeschickte und zeitraubende Vorträge der Parteien zu belästigen.

5) Die Parteien bedürfen keiner Restitutionen aus den zu 3 und 4 angegebenen Gründen; daß die Anwälte ihre Pflicht thun, dafür gewährt schon die Oeffentlichkeit der Verhandlung eine starke Garantie, und gegen Nachlässigkeit und bösen Willen hat das Gesetz — abgesehen von dem Rechtsmittel der Opposition — Vorkehrung getroffen.

---

1) Art. 79. 80.

2) Auch im englischen Prozeß giebt es keine auf Fictionen beruhende Contumacialfolgen; nur Ersatz der Kosten muß der Säumige leisten; die erscheinende Partei muß auch in Abwesenheit der andern dem Richter ihre Angaben beweisen, es wird ihr aber in der Regel auf ihren Eid geglaubt. Vergl. „die englische Grafschaftsgerichte von Torrent" in der kritischen Zeitschrift für Rechtswissenschaft und Gesetzgebung des Auslandes von Mittermaier, Mohl und Warnkönig, Bd. 26, pag. 389 ff., pag. 416. — Die Prozeßleitung außer den Sitzungen steht beim Gerichtschreiber — pag. 418 — wie im rheinischen Prozeß.

Erfolge und Schicksale der allgemeinen Gerichtsordnung.

§. 17. Die Geschichte des Entstehens der allg. Gerichtsordnung von 1793 kann als bekannt vorausgesetzt werden. Eine kurze bündige Uebersicht derselben findet sich in der Einleitung zu dem betreffenden Bande der Breslauer Ergänzungen und Erläuterungen, des sogenannten Fünf-Männer-Buches. — Es soll hier nur, soweit es zur Sache gehört, auf die leitenden Ideen hingedeutet werden. Grundgedanken.

Daß die appellablen Dekrete und Zwischen-Urtheile des gemeinen Prozesses und die Restitutionen gegen Versäumnisse schon an sich den raschen Gang des Prozesses zu hindern geeignet sein konnten, ist nicht zu leugnen, und eben so ist nicht zu bezweifeln, daß diese Einrichtungen bei einem durch Advokaten vermittelten schriftlichen Verfahren oft ausgebeutet wurden zu Chikanen und Verschleppungen. — Der Richter konnte bei der redlichsten Absicht hiegegen wenig thun, zumal er nur handelnd eintrat, sobald Anträge gestellt wurden.

Lange erhielt sich die Tendenz, auf dem Wege allmäliger Verbesserung die Uebelstände zu beseitigen; — der vom Geiste der Zeit[1]) getragene ernste Wille des Königs brach die Bahn zur völligen Verwerfung der bisherigen Grundsätze, und zur neuen Gestaltung des Prozesses dahin: der Richter sollte, einmal angerufen, den Betrieb des Prozesses in die Hand nehmen und für dessen unausgesetzten Fortgang sorgen, die Verhandlung ohne Dazwischenkunft von Advokaten mit den Parteien persönlich führen, dabei von keiner andern Rücksicht, als daß es nur auf Ermittelung der Wahrheit ankomme, sich leiten lassen, die Parteien durch Androhung und allenfallsige Anwendung der Contumacialfolgen und Strafen zum Gehorsam gegen seine Anordnungen und zu der ihrerseits erforderlichen Mitwirkung anhalten, sie aber auch über ihr wahres Interesse belehren, den Streit möglichst in Güte beilegen, schließlich, wenn dies nicht gelänge, nach der ermittelten Wahrheit, was Rechtens, erkennen. — Das Verfahren war zwar durch allgemeine Regeln normirt, allein es stand dem Richter

1) Es war eine kritische Zeit, in der auf der einen Seite die französische Revolution, auf der andern die Kant'sche Philosophie zur Reife gelangte.

frei, dasselbe nach Bewandniß der Sache gleichsam zusammenzuziehen oder auszudehnen[1]); er war durch keine entscheidende gesetzliche Abstufungen beschränkt, und bei seinem persönlichen Verkehr mit den Parteien hielt man auch die Eventualmaxime nicht weiter für angemessen, da ihre strenge Anwendung gegen unberathene Parteien theils unbillig werden, theils dem Hauptzweck, der Wahrheits-Erforschung, in den Weg treten konnte.

Restitutionen.

§. 18. Obwohl die Parteien nach der Gerichtsordnung von dem Richter mit väterlicher Milde und Schonung behandelt werden sollen, so betrachtete man doch die Prozesse als ein Uebel, und — gewiß mit Recht — ihre schleunige Erledigung als eine Wohlthat für die Parteien selbst, weshalb anderseitig dem Richter die größte Strenge empfohlen wurde gegen diejenigen Parteien, deren Benehmen dem Fortgange der Sache hinderlich war[2]). Die Erfahrung lehrt, daß oft nur der Mangel an gutem Willen oder an dem Vermögen des Beklagten, den Kläger zu befriedigen, diesen zur Klage nöthigt, und es liegt sehr nahe, daß ein solcher Beklagter seine Verurtheilung möglichst weit hinaus zu schieben sich bemühen wird. Hiezu bietet unter andern die Restitution gegen einen Contumacialbescheid Gelegenheit. Die aufmerksame Gesetzgebung wollte auch diese Gelegenheit abschneiden. Die Verordnung vom 30. December 1798 schaffte die Restitution gegen den Contumacialbescheid ab, indem sie dieselbe als ein „nur zur Verzögerung der Rechtspflege Anlaß gebendes und vielfältig von bösen Schuldnern gemißbrauchtes Remedium" bezeichnete.

Es läßt sich nicht annehmen, es sei hierbei übersehen worden, daß auch andre als böse Schuldner unverschuldeterweise in die Lage kommen können, einmal in contumaciam verurtheilt zu werden. Allein man hielt ohne Zweifel das Vorkommen solcher Fälle für selten, und diese seltenen Fälle mußten als Opfer der Ordnung, welche die Abschneidung aller Chicanen und die Beschleunigung der Prozesse erforderte, fallen. — Ungeachtet von Restitutionen im Laufe des Prozesses nicht die Rede war, konnten nach der Litiscontestation die Contumacialfolgen nicht leicht zu ernstlicher Anwendung kommen[3]), der Contumacialbescheid allein brachte sie zur Ausführung, und diese sollte wenigstens nicht durch

---

1) A. G.-O. I, 8. §. 33, 34.

2) a. a. O. §. 35.

3) Vergl. oben §. 12.

das leicht zugängliche Mittel der Restitution auch illusorisch gemacht werden. —

Die Contumacialbescheide wurden nun ohne Zweifel seltner; die bösen Schuldner mußten auf andre Mittel und Wege denken, ihre Verurtheilung zu verzögern; nur die früher als Ausnahmen betrachteten Fälle der unverschuldeten Versäumniß blieben nach wie vor möglich und traten wirklich ein. Es wurde also durch diese Maßregel der Grundsatz, daß nach der Wahrheit geforscht und geurtheilt werden sollte, verletzt, und sie stand in schreiendem Widerspruch mit der Billigkeit, welche das ganze System der Gerichtsordnung durchweht[1]).

In Erwägung dessen stellte das Circular=Rescript vom 11. Januar 1805 das Institut der Restitution wieder her, jedoch mit den im §. 125 ff. des Anhanges zur allg. Gerichtsordnung enthaltenen Modificationen. Wenn keine erheblichen Restitutionsgründe angegeben worden, sollte der Kläger gehört werden, und mit Erfolg der Restitution widersprechen dürfen. — Es sollte also für den Fall, daß die Ertheilung der Restitution nicht unbedenklich erfolgen mußte — ähnlich wie bei der Opposition des rheinischen Prozesses — eine Verhandlung stattfinden.

Mir ist in meiner vieljährigen Praxis kein Fall vorgekommen, wo diese Anordnung ins Leben getreten wäre, und ich glaube nicht, daß dies überhaupt oft geschehen ist. Es liegt sehr nahe, daß jeder Restitutionsuchende bedacht sein wird, einen genügenden Anlaß zu der Versäumniß anzugeben. Was als genügend anzusehen sei, ist gar nicht zu ermessen; das Urtheil darüber mußte dem Richter anheim gegeben werden, der ja überhaupt nur bei erheblichen Ursachen Restitution ertheilen, folglich solche versagen soll, wenn er in der angegebenen Ursache einen Restitutionsgrund nicht findet[2]). Er könnte also, den Kläger darüber zu hören, nur dann veranlaßt sein, wenn ihm die Sache bedenklich erschiene. Da dies jedenfalls einen Aufenthalt verursachen, auch die Erörterung darüber, was erheblich sei, leicht zu Weiterungen — z. B. zu Beschwerden — führen konnte, so entschied der Richter immer lieber sofort diesen Punkt nach seinem Ermessen, und versagte die Restitution nur, wenn zu deren Ertheilung offenbar kein Grund gegeben war.

---

1) Allg. G.=O. Tit. 11.
2) Allg. G.=O. I, 14, §. 71.

Es verblieb mithin nach dieser Episode ganz bei der ursprünglichen Vorschrift der Gerichtsordnung. Das Schwanken der Gesetzgebung in diesem Punkte giebt aber einen sehr wichtigen Beleg dafür, daß sie in beiden Richtungen zu weit gegangen ist; einmal

> indem vermöge der Contumacialfolge die Entscheidung gegründet wird auf die Fiction, daß die Angabe des Klägers als wahr bewiesen sei;

und dann

> indem sie eine auf bewiesener Wahrheit beruhende rechtliche Entscheidung, ohne den Kläger zu hören, mit Leichtigkeit beseitigen läßt.

Advokaten. §. 19. Ein andrer Punkt, in welchem die Gesetzgebung zu weit gegangen war, hatte tiefer eingreifende Folgen.

Nur in besonderen Nothfällen [1]) sollten die Parteien vom persönlichen Erscheinen dispensirt und nach sorgfältiger Prüfung, ihnen nachgelassen werden dürfen, sich durch Bevollmächtigte vertreten zu lassen.

Schon die Zahl der wirklichen Nothfälle war, zumal in der Gerichtsbarkeit der Obergerichte — soviel man auch durch commissarische Bearbeitung der Instructionen [2]) zu helfen suchte, — sehr beträchtlich, und es war für Parteien, die es vorgezogen, sich von einem Rechtsverständigen vertreten zu lassen, ohne Zweifel nicht schwierig, einen Nothfall zu fingiren. So wurde wenigstens bei den Obergerichten, das Dispensiren vom persönlichen Erscheinen zur Regel. — Schon die Verordnung vom 19. December 1799 dispensirte allgemein davon [3]), ohne in dem Verfahren die geringste Aenderung eintreten zu lassen, was uns jetzt unbegreiflich erscheinen mag, wozu aber damals, als man von der Vortrefflichkeit der Gerichtsordnung aufs innigste überzeugt war, auch bis dahin theilweise mit Advokaten verhandelt hatte, ohne daß dabei besondre Uebelstände hervorgetreten waren, kein Anlaß gefunden werden konnte. Es ergab sich daraus sogar für die Verwaltung — und die Rechtspflege hatte überhaupt wesentlich den Charakter einer Verwaltung — der Nutzen, daß mit mehr Sicherheit die Bearbeitung der Instructionen bei größeren und besonders bei den

---

1) Allg. G.=O. I, 3, §§. 1, 4 ff.
2) a. a. O. §. 7.
3) Anhang §§. 1, 44.

Obergerichten den Referendarien anvertraut werden konnte, und die Richter dadurch in den Stand gesetzt wurden, die so ersparte Zeit anderen Verwaltungs-Geschäften zu Gute kommen zu lassen. — Eine hiermit in Beziehung stehende fernere Erleichterung der Verwaltung bestand darin, daß die Zuziehung einer zweiten Gerichtsperson nicht mehr für durchaus nothwendig erachtet wurde[1]).

Unmerklich gelangte auf diese Weise die Praxis auf den an sich richtigen Standpunkt zurück, wonach der Richter nicht Vormund der Parteien sein soll, sondern diesen überlassen bleiben muß, für Verfolgung oder Vertheidigung ihrer Rechte selbst zu sorgen. Daß hiermit dem ganzen System der Gerichtsordnung der Untergang vorbereitet sei, konnte erst nach und nach zur Anschauung kommen.

Verfahren von Amtswegen und Befreiung von Formen.

§. 20. Jede Prozeßordnung — mag sie auch nicht überall auf richtigen Grundsätzen beruhen — wird von günstigem Erfolge sein, so lange sie tüchtig gehandhabt wird. So erging es auch der Gerichtsordnung in den ersten Jahrzehnten ihres Bestehens. So groß auch die Aufgabe des Richterstandes war, er ergriff sie mit wahrer Begeisterung, denn es war ihm die Möglichkeit gegeben, auf dem Gebiete seines Berufes unendlich viel Gutes zu wirken. Seine auf das Wohl der Mitmenschen gerichtete Thätigkeit war eine freie, selbständige geworden, und was könnte einem Richter größere Befriedigung gewähren, als in dem Streben nach Wahrheit und Gerechtigkeit durch nichts beschränkt und gehindert zu sein! Mit Freuden wurde die Last der damit verbundenen Sorgen übernommen und getragen, und vermöge der in solcher Weise angespannten regen Thätigkeit bildete sich ein Richterstand heran, der an praktischer Tüchtigkeit seines Gleichen suchte. Was war natürlicher, als daß die aus dieser Schule hervorgegangenen Richter die Gerichtsordnung für unverbesserlich hielten!

Besonders erhielt sich diese Ueberzeugung bei den Untergerichten, und es hat auch, bei den kleineren Gerichten besonders, wo das persönliche Verhandeln mit den Parteien die Regel bildete, das Verfahren der Gerichtsordnung stets den besten Erfolg gehabt. Nur bei den größeren Gerichten, wo fast nur mit Advokaten verhandelt wurde, gerieth das Verfahren in einen bedenklichen Gang, und die Verstattung schriftlicher Klagebeantwortungen

1) Anhang §§. 2, 66.

war eine sehr kümmerliche Aushülfe. Alle Thätigkeit von Amtswegen scheiterte hier an der Formlosigkeit des Verfahrens und an der Möglichkeit für die Parteien und ihre Vertreter, bis zum Schlusse der Sache neue Thatsachen zur Sprache zu bringen.

Verwaltung. §. 21. So sehr auch die im allgemeinen segenreichen Erfolge in den ersten 20 Jahren für die Vortrefflichkeit der Gerichtsordnung sprachen, so traten doch bei irgend mangelhafter Verwaltung der Rechtspflege die Schattenseiten derselben hervor. Indem der Staat dem Richter das Wohl der Parteien ans Herz legte, ihn zum Vormund derselben machte, und ihn zu dem Ende mit einer ausgedehnten, durch sehr allgemeine und elastische Anleitungen[1]) mehr nur in eine gewisse Bahn geleiteten als beschränkten Autorität bekleidete, übernahm er zugleich die Obervormundschaft, die Sorge für richtigen Gebrauch jener Autorität. Die Rechtspflege wurde zu einer Verwaltung, welche in dem Justizminister ihre höchste Spitze hatte. Es war eine genaue Aufsicht und strenge Controlle der Rechtspflege erforderlich, welche gehandhabt wurde durch

Tabellen,
Justizvisitationen und
Erörterung einkommender Beschwerden.

Wie das Tabellenwesen mit der Zeit den Erfolg hatte, daß es üblich wurde, den Fleiß und damit auch die Tüchtigkeit der Richter nach Zahlen, auch wohl nach dem Ertrage an Sporteln zu bemessen; — wie die Justizvisitationen nicht selten dahin führten, daß Richter, die ihrem eigentlichen Berufe mit der größten Umsicht und Treue vorstanden, wegen unwesentlicher Formfehler in dem anderweitigen Verwaltungswesen die empfindlichsten Zurechtweisungen und sonstige Nachtheile erdulden mußten; — wie vermöge des Beschwerdewesens über die Zweckmäßigkeit der Prozeßleitung in einer einzelnen Sache oft der Justizminister zu entscheiden hatte, was dann vermöge der Acteneinforderung, Berichterstattung, alles durch Vermittelung der Zwischenstation des Obergerichts, nothwendig mit einer Unterbrechung und Verzögerung des Prozeßganges verbunden war, — wie endlich redliche und tüchtige Unterrichter bei alle dem nicht selten die Erfahrung machen mußten, daß man sie, die minder qualificirten[2]), als Wesen einer

1) cf. A. G.=O. I, 8, §. 33.
2) Allg. G.=O. III, 4, §. 32.

niederen Gattung betrachte; — das soll hier nicht weiter ausgemalt werden. Es liegt dies Alles im wesentlichen hinter uns, und wird, so Gott will, nicht wiederkehren.

Aber das wird Jedem, der es erfahren hat, nicht zweifelhaft sein, daß diese ungeheure Verwaltung und Controlle die besten Kräfte absorbirte und sie dem richterlichen Berufe zu dessen größtem Schaden entzog.

§. 22. Als im Jahre 1814 die sieben Jahre vorher verlornen Provinzen dem Staate wieder einverleibt wurden, nahmen sie an die Stelle des ihnen aufgedrungenen fremdländischen Verfahrens gern und willig die preußische Gerichtsordnung wieder an. Sie war ihnen nur aus der Zeit ihrer höchsten Blüthe in gutem Andenken. Wollten auch hier und da einzelne Stimmen Bedenken erheben, so wurden sie durch patriotische Motive gedämpft und niedergehalten. — Aber mit Erstaunen und Befremden mußte man die Erfahrung machen, daß nicht nur die Rheinprovinz, in welcher das französische Verfahren vollständig eingebürgert war, sondern auch diejenigen neu erworbenen Provinzen, in denen bis dahin der gemeine Prozeß sich in Uebung befand, die ihnen mit Einführung der Gerichtsordnung zugedachte Wohlthat mit der größten Entschiedenheit zurückwiesen. Wendepunkte.

Daß bei den Männern, welche damals an der Spitze der Justizverwaltung standen, die tiefgewurzelte Ueberzeugung von der Vortrefflichkeit der Gerichtsordnung nicht sofort erschüttert werden konnte, ist sehr begreiflich. Noch Jahrelang erhielt sich die Meinung, daß es nur großer Energie in der Beaufsichtigung der Gerichte bedürfe, um die hier und da hervortretenden Uebelstände zu heben, die Thätigkeit der Richter, von der Alles gefordert und erwartet wurde, in Spannung zu erhalten, untüchtige Richter aber zu beseitigen. Allein eine übermäßige Kraftanstrengung kann nicht ewig dauern. —

Der Gedanke lag sehr nahe, daß die Zulassung der Advokaten an dem Verfall des Verfahrens schuld sei, und es ist nicht zu leugnen, daß die Formlosigkeit desselben der Nachlässigkeit und Oberflächlichkeit großen Spielraum bot. Allein im Allgemeinen hatte sich der Advokatenstand ehrenwerth gezeigt, und dem unbefangenen Urtheil konnte es nicht entgehen, daß seine Mitwirkung sich vortheilhaft erwiesen hatte. Auch dem Richterstande konnte man nicht vorwerfen, daß er es an gutem Willen und Ausdauer in der Thätigkeit hätte fehlen lassen; doch war diese Thätigkeit so vielfältig in Anspruch genommen, daß sie nur immer auf das augenblicklich Nothwendige gerichtet sein konnte, insbesondre ihr kein Raum gegeben war, sich in allgemeinen Betrachtungen zu ergehen. Für Männer, deren Beruf wesentlich auf wissenschaftlicher Grundlage beruht, ist es Bedürfniß, mit der Wissenschaft in Verbindung zu bleiben, sonst geht ihnen mit der Zeit die den Erfolg ihres Thuns bedingende wissenschaftliche Grundlage verloren und sie sind der Gefahr ausgesetzt, in ein bodenloses Naturalisiren zu gerathen. Das war leicht der Fall mit den auf ihr vernünftiges Ermessen angewiesenen Männern der Gerichtsordnung, und dieser Umstand hat wesentlich dazu beigetragen, zu verhindern, daß nicht früher mit Reformen des Verfahrens vorgeschritten wurde, welche dessen Verfall zu verhüten geeignet gewesen wären.

Die Mündlichkeit des Verfahrens lag unbedenklich schon im Plane der Gerichtsordnung, und die allgemein geforderte Oeffentlichkeit schien ein gänzliches Aufgeben der bisherigen Grundprincipien auch noch keinesweges zu bedingen.

Allein Eine Thatsache war ein zu schlagendes Argument, als daß sie lange hätte unbeachtet und ohne entscheidenden Einfluß bleiben können. Es gab so wenig am Rhein als in den Provinzen des gemeinen Rechtes Beschwerden über das Verfahren der Gerichte. Man konnte sich der Ueberzeugung nicht verschließen, daß der Grund hievon lediglich der bestimmten gesetzlichen Regelung des ganzen Prozeßverfahrens zuzuschreiben sei, und daß bei solcher, nichts dem vernünftigen Ermessen des Richters anheimgebenden strengen Ordnung nicht nur die Richter, sondern auch die Parteien sich am besten befinden. Vor dem Gesetz hat Jeder Respect, aber nicht vor dem vernünftigen Ermessen eines Menschen, und der Richter ist doch auch nur ein Mensch.

Uebergang. §. 23. Bei der endlich beschlossenen Reform mußte hiernach die Tendenz dahin gerichtet sein, dem Prozeß eine bestimmtere, Richter und Parteien bindende und fest construirte Ordnung zu geben.

Ueber die Mittel und Wege dazu wurde lange berathen und gestritten. — Die anfangs verfolgte Absicht, sofort mit völliger Neugestaltung der ganzen Prozeßordnung vorzugehen, wurde sehr bald wieder aufgegeben, und ein[1]) bereits fertiger, leider nicht in die Oeffentlichkeit gelangter, sich an das rheinische Verfahren an-

---

1) im Jahre 1828.

lehnender Entwurf zu einem Civilprozeßgesetz wurde bei Seite gelegt. Theils hatte die alte Gerichtsordnung noch zu viele eifrige Anhänger an maßgebender Stelle, theils fand man einen plötzlichen Uebergang mit Recht bedenklich. Das Bestehende war nicht ohne alle Berechtigung und forderte Schonung.

Aus dieser Krisis ging zunächst die Verordnung vom 1. Juni 1833 als ein mit großer Vorsicht unternommener Versuch hervor. Bei den kleineren Untergerichten, wo die dem neuen Verfahren nur unterliegenden einfacheren Sachen schon immer eine rasche Erledigung gefunden hatten, fand dasselbe anfangs wenig Beifall; es war ihnen nur unbequem, um einiger Sachen willen besondre Sitzungen zu halten. Desto einleuchtender waren die Vortheile des neuen Verfahrens den größeren Gerichten, besonders wo es thunlich war, eigne Deputationen ausschließlich damit zu beschäftigen. So war bereits ein vollkommenes Verständniß desselben erreicht, als es durch die Verordnung vom 21. Juli 1846 auf alle Prozesse ausgedehnt wurde.

Damit ist die bisherige Instructions-Maxime vollständig abgeschafft und die Verhandlung- und Eventual-Maxime an ihre Stelle getreten. In soweit ist die allgemeine Gerichtsordnung abgeändert; im übrigen ist sie die Grundlage des Prozesses geblieben. Es ist auch nicht zu verkennen, daß sie für Alles, was nebenbei im Rechtsgange vorkommen kann, sehr zweckmäßige ausführliche Anleitungen enthält, die überall anwendbar sind.

Daß die auf die neue Ordnung angewiesene Praxis alles, was damit sich nicht verträgt, ohne Bedenken für beseitigt erachtet, versteht sich von selbst. Es bleibt aber noch Manches übrig, von dem man nicht behaupten kann, daß es gesetzlich abgeschafft sei, und das doch den Grundsätzen des neuen Verfahrens offenbar nicht entspricht. Andrerseits hat man in dem Bestreben, das Beste aus den verschiedenen Prozeß-Arten in dem neuen Verfahren zu vereinigen, Bestimmungen aus der alten Gerichtsordnung ausdrücklich mit herüber genommen, die mit deren Grundprincip in der innigsten Beziehung stehen, und mit dem Aufgeben desselben nothwendig hätten fallen müssen, da ihre Consequenzen jetzt zu Resultaten führen, die unmöglich in der Absicht der Gesetzgebung gelegen haben können.

Daß die neuen Prozeßgesetze keine allgemeine und leitende Grundsätze ihren Anordnungen voranstellen, ist eine anerkennenswerthe Vorsicht. Das Gesetz hat wesentlich nur zu gebieten, nicht zu belehren; Sache der Wissenschaft und Praxis ist es, in seinen Bestimmungen das leitende Princip zu erkennen[1]). Aber so wenig zwei Seelen in Einem Leibe wohnen können, eben so wenig kann das Gesetz zweierlei einander widerstreitende Grundsätze in sich beherbergen; einer oder der andre muß nothwendig ausgeschieden werden.

Die Rechtsuchenden sind zu der Anforderung berechtigt, daß das von ihnen zu befolgende Prozeßgesetz klar und deutlich sei, und ferner: daß es den concreten Verhältnissen mit vernunftmäßiger Billigkeit Rechnung trage. Das erstere ist nur möglich, wenn dem Gesetz die innere Harmonie nicht fehlt, — wenn das demselben zu Grunde liegende Princip in allen seinen Theilen sich spiegelt. — Dazu ist nicht grade nöthig, daß das Gesetz aus Einem Gusse hervorgegangen sei, wohl aber, daß in der Gesetzgebung das Streben lebendig bleibe, zu entfernen, was sich als unhaltbar und ungehörig ergiebt, und es dem Zweck und Princip gemäß mit Anwendung vernünftiger Billigkeit zu ersetzen.

Dazu der Gesetzgebung in die Hände zu arbeiten, ist Aufgabe der Wissenschaft und Praxis.

Der heutige Prozeß.

Verhältniß des Richters zu den Parteien.

§. 24. Der Beruf des Richters ist:

Entscheidung des Streites nach Anhörung beider Theile.

Die Anhörung beider streitenden Theile bildet den Inhalt und Verlauf des ganzen Prozesses.

Soll das Anhören seinen Zweck erfüllen, dem Richter ein Verständniß von der Intention der Partei und die Ueberzeugung darüber, ob und wie weit ihr Vorbringen wahr ist, zu gewähren, so folgt aus seiner Pflicht zum Anhören, sein Recht zur Frage, sowie zur Erforderung des Beweises.

1) Götze a. a. O. pag. 25: „Die Ausbildung der Theorie ist Sache der Wissenschaft, zu deren Beruf es auch gehört, in Gemeinschaft mit der Praxis die Consequenzen richtig zu ziehen und die Fragen, die demnächst etwa eine legislative Lösung unerläßlich machen, hiezu zur Reife zu bringen."

Anderseitig bringt für die als freie und selbständige Personen dem Richter gegenüberstehenden Parteien die Ausübung des Rechts, gehört zu werden, die Pflicht mit sich, zu sprechen, dem Richter zu antworten, den Beweis zu erbringen. Mißtraut eine Partei dem eignen Geschick zur Erfüllung dieser Prozeßpflichten, und versichert sie sich des Beistandes eines Rechtsfreundes, so hat dies nur eben den Zweck, recht und vollständig gehört zu werden.

Indem nun die Gerichtsordnung unter Beseitigung der Advokatur die Parteien anwies, jene Prozeßpflichten persönlich auszuüben, war es mit Hinsicht auf die sehr verschiedene Befähigung derselben folgerecht, ihnen einen Ersatz zu bieten in dem Verhalten des Richters.

Ein mildes Verhalten gegen die Parteien ist dem Richter durch sein Amt von selbst geboten. Innerhalb der Grenzen, die das Gesetz gezogen hat, muß der Richter stets den Parteien die möglichst freie Bewegung gestatten, er darf sie nicht weiter beschränken als das Gesetz dies thut, er hat dazu nicht das Recht, und daraus geht von selbst die Pflicht hervor, Nachsicht und Schonung zu üben, soweit es sich mit dem Gesetz verträgt. Die vornehmste Pflicht, die Parteien zu hören, wird vermöge dieser amtlichen Milde, die man unter dem nobile officium begreift, nothwendig dahin führen, unberathenen, zumal unbeholfenen Parteien gegenüber von dem Fragerecht einen ausgedehnteren Gebrauch zu machen, um durch Ergänzung des in der Individualität liegenden Mangels die Gleichheit herzustellen. Das geschieht dann aber eben nur im Interesse der Wahrheit und Gerechtigkeit, nicht im Interesse der Partei, wenn schon die Ermittelung der Wahrheit ihr zum Vortheil gereichen kann.

Auf den ersten Blick könnte es scheinen, es sei in den Vorschriften der Gerichtsordnung über die Leitung der Parteien bei Ausübung ihrer Prozeßhandlungen dem Richter nur ein solcher ausgedehnterer Gebrauch des Fragerechts empfohlen; und das ist auch wohl die Meinung gewesen, indem man dadurch schneller, als unter Mitwirkung und Vermittelung von Advokaten zur Ermittelung der Wahrheit zu gelangen hoffte. Allein was das Gesetz dem Richter empfiehlt, das ist für ihn nothwendig Gebot; so wurde das Fragerecht zur Fragepflicht; seine Anwendung hörte auf, ein Ausfluß des mildrichterlichen Amtes, ein nobile officium zu sein, vielmehr war sie nun ein wesentliches Stück der Prozeßleitung geworden. Der Richter hatte nicht nur die Pflicht, die Parteien anzuhören, sondern auch dafür zu sorgen, daß dieselben sich gehörig äußerten.

Die Schwierigkeit wurde noch dadurch vermehrt, daß, wenn auch für die Prozeßleitung, insbesondre in der als Centralpunkt des Rechtsganges hingestellten Regulirung des status causae et controversiae, ganz zweckmäßige Anweisungen gegeben waren, es doch an den gesetzlichen Schranken fehlte, innerhalb deren die Parteien sich hätten bewegen müssen. Der Richter sollte durch die ihm gegebene Freiheit befähigt sein, jede Sache ihrer Bewandniß entsprechend zu behandeln.

Was der Natur der Sache nach eine Wohlthat für die Parteien sein sollte, hatten sie auf diese Weise vom Richter als ein Recht zu fordern; sie konnten sich aller Sorge um den Gang des Prozesses entschlagen, und hatten, wenn es ihnen an gutem Willen fehlte, einen weiten Spielraum, dem raschen Verlauf der Sache hindernd in den Weg zu treten. Die dem gegenüber dem Richter aufgelegte Sorge und Verantwortlichkeit war aber so umfassend, daß nur eine besonders begabte und energische Individualität sie mit Leichtigkeit zu tragen vermochte. —

Es kann keinem Bedenken unterliegen, daß durch die neueren Prozeßverordnungen in der Hauptsache das natürliche Verhältniß wieder hergestellt ist. Den Parteien ist ihre Selbständigkeit, aber auch deren Gefahr zurückgegeben; das Sprechen, d. h. die Vornahme der Prozeßhandlungen ist ihre Sache und — wie sichs gebührt — auch ihre eigne Sorge. Dem Richter hingegen ist die im Wesentlichen seinem Berufe fremde Sorge für das Wohl der Parteien abgenommen; sie zu hören, ist seine alleinige Pflicht geblieben, und wenn er dabei ein Uebriges thut, so gehört das zum nobile officium.

Allein auch das nobile officium gehört in seiner wahren Bedeutung zum Amte des Richters; er muß um seiner Pflicht, die Parteien anzuhören, dem Zweck: „die Wahrheit und das Recht zu finden", entsprechend zu genügen, für unbeholfene Parteien ein besonders aufmerksames und offenes Ohr haben, er muß, soweit es in seiner Macht liegt, der Entfaltung der Wahrheit Raum geben und lassen.

Dem aufmerksamen Beobachter kann es nicht entgehen, daß in Anwendung des neuen Verfahrens die Richter leicht dahin gelangen, dieses nobile officium völlig als außer ihrem Beruf liegend anzusehen. Besonders nachtheilig wirkt hierbei die Vorstellung, daß der Gegner auch in Folge bloßer Unachtsamkeit der andern Partei auf das Eintreten der Contumacialfolge ein Recht habe. Bei den mündlichen Verhandlungen wird Seitens der erkennenden Gerichte von dem Fragerecht deshalb fast gar kein Gebrauch gemacht, und nicht selten kommt es vor, daß in Folge dessen eine unberathene Partei erheblichen Nachtheil erleidet[1]).

Anderseitig ist es ein nicht abzuleugnender Uebelstand, daß während die Fragepflicht des Richters unbedenklich völlig beseitigt ist, die darauf bezüglichen Vorschriften der Gerichtsordnung, — welche sich überall in derselben verzweigt finden, da sie das durchgehende Princip des alten Verfahrens ausmachen, — nirgend ausdrücklich aufgehoben sind, sogar in einigen Beziehungen noch als völlig anwendbar gelten müssen. Die Parteien sind also gewissermaßen berechtigt, zu vertrauen, der Richter werde sie vor Mißgriffen bewahren und ihrer Unbeholfenheit jede mögliche Berücksichtigung angedeihen lassen; das Gesetz wird auf diese Weise zu einer Falle, in der sie sich leicht gefangen sehen, und zu spät erfahren, daß der Richter nicht mehr berufen ist, ihr Vormund zu sein.

Aufnahme von Klagen und weiteren Prozeßhandlungen.

§. 25. Wenn vorhin gesagt worden, daß die betreffenden Vorschriften der Gerichtsordnung noch in einigen Beziehungen anwendbar sind, so ist damit hauptsächlich gemeint:

die den Gerichten verbliebene Pflicht zur Aufnahme von Klagen und andern Prozeßhandlungen.

Was die Aufnahme von Klagen betrifft, so kann es keinem Bedenken unterliegen, daß hierbei die von der Gerichtsordnung gegebene ausführliche Anleitung noch jetzt zur Norm dient, und daß die Mitwirkung des Richters dabei für die unberathene Partei eine Wohlthat sein kann. Dies setzt aber voraus, daß er nicht nur allen Fleiß angewendet hat, um von der Partei eine vollständige und getreue Darstellung des zu Grunde zu legenden factischen Herganges zu erlangen und zu Protokoll zu nehmen, sondern daß er es auch verstanden hat, die Partei zu einer dem entsprechenden Intention anzuleiten und das Petitum sachgemäß zu formiren. Er ersetzt bei diesem Geschäft vollständig die Stelle des Advokaten.

---

1) Daß es nebenbei sehr bequem ist, den Prozeß durch Anwendung einer Contumacialfolge schnell und einfach zu entscheiden, während es sonst noch weitläuftiger Erörterungen bedurft hätte, leuchtet ein.

Für das Verfahren der Gerichtsordnung konnte das gar nicht anders sein; die Fürsorge des Richters wurde beiden Parteien gleichmäßig zu Theil, und seine patriarchalische Stellung befähigte ihn, was etwa bei Aufnahme der Klage versehen oder versäumt war, in dem Verhandlungs-Termine wieder gut zu machen, die Klage zu ergänzen und zu verbessern, allenfalls die Zurücknahme derselben und Formirung einer neuen zu veranlassen [1]).

Bei dem jetzigen Verfahren ist die Möglichkeit, die Klage zu verbessern, sehr beschränkt [2]); ein bei Aufnahme derselben vorgefallenes Versehen kann daher um so mehr dem Kläger nachtheilig werden.

Nicht zu gedenken, daß das Geschäft der Aufnahme von Klagen mehrentheils von Auscultatoren zu ihrer Uebung — wenn auch unter nothdürftiger Aufsicht eines Richters — besorgt wird, läßt sich das Maaß des Fleißes und der Sagacität, welches dabei erforderlich ist, nicht gesetzlich regeln und erzwingen [3]). Wenn dem ungeachtet das bestehende Gesetz die Rechtsuchenden zu dem Glauben verleitet, sie könnten gar nicht besser thun, als ihre Klagen persönlich bei dem Gericht anzubringen und sich dabei der Leitung des Deputirten anzuvertrauen, so ist dies eine durchaus nicht zu billigende Täuschung.

Soll der Richter, wie es die Gerichtsordnung vorschreibt, bei Aufnahme der Klage dem Kläger seinen Rath und seine Belehrung angedeihen lassen, so ist es nach der Natur des jetzigen Prozesses unzulässig, daß der Richter an dem Urtheil in der Sache Theil nehme, wodurch er außerdem in die unangenehme Lage kommen kann, sein eignes Machwerk für unvollkommen erklären zu müssen [4]). — Soll aber der Richter weiter nichts thun, als zu Protokoll nehmen, was der Kläger und wie er es vorbringt, indem das Vorbringen nur in logischer und sty-

---

1) Allg. G.-O. I, 5, §. 21.

2) Instr. v. 24. Juli 1833, §. 29.

3) Es kommt gar nicht selten vor, daß, während die wegen irgend eines Mangels ungenügend befundene schriftliche Klage die wahre Intention des Klägers ganz sachgemäß darlegt, in der zu Protokoll genommenen Klage der Anspruch in die Schablone eines anderen Rechtsgeschäfts gezwängt wird, und nur in Folge dessen die Entscheidung, — bei welcher nur die dem Beklagten mitgetheilte protokollarische Klage berücksichtigt werden kann — zum Nachtheil des Klägers ausfällt.

4) Koch, Entwurf einer Civilprozeß-Ordnung für den preußischen Staat. 1848. Vorbericht pag. XIX.

listischer Hinsicht eine Formgebung erfährt, so liegt ein solches Geschäft außer der Sphäre des richterlichen Berufes.

Aehnlich verhält es sich mit der Aufnahme weiterer Prozeßhandlungen. Wenn im Klagebeantwortungs-Termine der Kläger mit erscheint, so ist dem Richter zwar die Möglichkeit gegeben, in der patriarchalischen Weise der Gerichtsordnung die Parteien gegeneinander zu hören, die Sühne zu versuchen, und auf diese Weise auf die Sichtung des Prozeßmaterials vortheilhaft einzuwirken. Es ist ihm das auch sicherlich nicht verwehrt, aber im Plane des Gesetzes, nach welchem die mündliche Verhandlung den Schwerpunkt des Prozesses bildet, liegt es keinesweges, sondern es soll dem Kläger nur Gelegenheit geboten sein, durch sofortige Abgabe seiner Replik den Verlauf der Sache zu beschleunigen[1]).

Die Zurückführung der Stellung des Richters auf den richtigen Standpunkt, wornach sein Beruf nur dahin geht, die Parteien zu hören, und um recht zu hören, sie allenfalls zu befragen, wornach es dagegen unzulässig ist, einer Partei mit seinem Rathe zu dienen, bringt es von selbst mit sich, daß er bei Aufnahme der weiteren Prozeßhandlungen noch viel zurückhaltender sein muß, als bei Aufnahme der Klage, wo der Prozeß noch gar nicht begonnen hat.

In den Ländern des gemeinen Prozesses wird es auch den unberathenen Parteien gestattet, Klagen und andre Gesuche in der Kanzlei oder Registratur des Gerichts zu Protokoll zu geben; die Aufnahme geschieht aber durch einen Sekretär oder sonstigen Subalternbeamten, und das Protokoll hat nur die Natur einer beglaubigten Privatschrift. — Ganz eben so werden in unserm heutigen Prozeß die von Gerichtswegen aufgenommenen Parteischriften behandelt, und können der Natur der Sache nach nicht anders behandelt werden.

§. 26. Außer der Pflicht des Richters, den Parteien persönlich zur richtigen Vornahme der Prozeßhandlungen Anleitung zu geben, hat die Gerichtsordnung Vorkehrung getroffen, daß schon in den an die Parteien zu erlassenden Ladungen und sonstigen Verfügungen ihnen möglichst vollständige Belehrung über das von ihnen zu beobachtende Verhalten ertheilt und ihnen bekannt gemacht werde, welche Nachtheile aus irgend einer Verabsäumung, insbesondre aus dem Nichtbefolgen der Ladung, hervorgehen würden. Belehrung und Verwarnung in der Ladung.

1) Verordnung v. 21. Juli 1846, §. 4 u. 7.

Diese Maßregel ist für das neue Verfahren beibehalten worden, namentlich hat die im Ganzen noch jetzt maßgebende Instruction vom 24. Juli 1833 den entsprechenden Inhalt jeder Ladung mit peinlicher Umsicht genau vorgeschrieben.

Es könnte scheinen, als seien hierdurch die Parteien, auch nachdem die richterliche Fürsorge weggefallen ist, genugsam behütet, indem sie nicht nur vor den Folgen des Ungehorsams verwarnt, sondern auch über das bei der Verhandlung selbst nothwendige Benehmen unterrichtet worden. Sie dürfen sich nur genau darnach richten, um in ihrer selbständigen Stellung jeden Fehler zu vermeiden und den Nachtheilen eines solchen zu entgehen.

Für Leute, die in der Prozeßführung und den sie betreffenden gesetzlichen Bestimmungen bewandert sind, bedarf es solcher Belehrung nicht; daß sie aber für rechtsunkundige und unerfahrene Personen nicht genügt, um sie zur vorsichtigen selbständigen Prozeßführung zu befähigen, lehrt die tägliche Erfahrung.

Daß, wer einmal einen Prozeß hat, der Ladung des Gerichts folgen und vor Gericht den Mund aufthun muß, um seine Sache zu führen und sein Recht geltend zu machen, das begreift und weiß jeder; — eben so, daß wenn er nicht kommt oder nicht sagt, was er zu sagen hat, dies ihm zum Nachtheil gereichen wird. Denn daß in diesem Falle die Schlußfolgerung gerechtfertigt ist, er könne oder wolle nichts vorbringen, — also weder den ihm bekannt gewordenen Anführungen des Gegners widersprechen noch selbständige Einwendungen erheben — liegt auf der Hand. Es ist also völlig überflüssig, dies erst den Leuten auseinanderzusetzen. Die Befugniß des Gerichts, die Contumacialfolgen eintreten zu lassen, kann davon nicht abhängen, sondern nur davon, ob die Bedingungen dieses Eintretens vorhanden sind.

Die derartigen Belehrungen und Verwarnungen sind eine werthlose Erbschaft des Bevormundungsystems der Gerichtsordnung, und sind weder nothwendig noch angemessen, nachdem den Parteien die ihnen gebührende selbständige Stellung wieder gegeben ist.

Jedermann ist schuldig, sich um die Gesetze zu bekümmern, welche er zu beobachten hat[1]), also auch der Prozeßführer um die Prozeßgesetze; und es kann nicht anerkannt werden, daß es

1) A. L.-R. Einleitung §. 12.

Pflicht der Gerichte sei, solchen Privatpersonen bei jeder Gelegenheit ausführliche Belehrungen zu ertheilen, insbesondre ihnen erst begreiflich zu machen, daß sie einer gerichtlichen Ladung Folge zu leisten haben. Daß es dagegen den Gerichten unbenommen bleibt, unbeholfenen und unwissenden Parteien bei der Verhandlung selbst durch verständige Anwendung des Fragerechts zu Hülfe zu kommen, ist schon oben bemerkt. Das gehört aber zu dem nobile officium, worüber bestimmte Regeln sich nicht geben lassen.

Es genügt hiernach vollkommen, daß die Ladung in solcher Weise erfolge, daß der Geladene den Zweck und die Bedeutung derselben erfahre[1]); wer dann nicht weiß, was er zu thun hat, der mag sich Belehrung suchen wo er will, nur nicht bei den Gerichten selbst, welche damit zu behelligen um so weniger Veranlassung vorhanden ist, als der Staat in den Rechts-Anwalten gesetzkundige und zuverlässige Männer zur Auswahl gestellt hat, deren Beruf es ist, denen, die des Rathes und der Belehrung bedürfen, damit beizustehen.

§. 27. Ein wesentliches Stück des heutigen Prozesses ist die schriftliche Vorbereitung der mündlichen Verhandlung. In der Wahl der Art und Weise, wie diese schriftlichen Einlassungen erfolgen, sind die Parteien unbeschränkt; haben sie nicht sofort einen Rechts-Anwalt mit Führung der Sache beauftragt, so können sie entweder in dem dazu bestimmten Termine zu Protokoll geben, was sie zu sagen haben; oder einen selbst verfaßten Schriftsatz einreichen. — Solche schriftliche Aeußerungen dürfen vom Gericht nur angenommen werden, wenn sie durch Mitunterschrift eines Rechts-Anwalts legalisirt sind[2]). Legalisirung der Prozeßschriften.

Das Gesetz hatte sich anfangs über die Bedeutung dieser bloßen Mitunterschrift eines Rechts-Anwalts nicht weiter ausgesprochen. Eine Beglaubigung der Parteiunterschrift war damit offenbar nicht gemeint; deren bedürfte es z. B. doch gewiß nicht, wenn die Partei in dem zu ihrer Auslassung anstehenden Termine die Schrift überreicht. Man ist ohne Zweifel von der Erwägung ausgegangen, daß der Rechts-Anwalt seine Unterschrift nicht her-

---

1) Bei den rheinischen Gerichten wird in der ersten Ladung dem Beklagten eröffnet: „daß er auf Antrag des Klägers geladen werde um sich verurtheilen zu hören", — dann folgt das vollständige petitum des Klägers. — Wer das nicht versteht, dem ist nicht zu helfen.

2) Verordnung v. 14. Dec. 1833, §. 11. — V. v. 21. Juli 1843 (G.-S. pag. 295). — V. v. 21. Juli 1846, §§. 3, 7, 21.

geben wird zu einem in Form und Inhalt ungehörigen Aufsatz, daß also durch deren Nothwendigkeit einerseits die Parteien vor Verstößen in dieser Beziehung bewahrt, andrerseits die Gerichte vor der Behelligung mit ungehörigen Schreibereien sicher gestellt werden würden. Erst die Verordnung vom 21. Juli 1846 macht den Rechtsanwalt für den Inhalt der Schrift eben so verantwortlich, als wenn er sie selbst abgefaßt hätte (§. 33).

Für Parteien, die mit den Gesetzen und der Prozeßordnung bekannt und zur schriftlichen Abfassung ihrer Aeußerungen befähigt sind, ist die Maßregel überflüssig. Solche aber, bei denen jene Voraussetzung nicht zutrifft, erhalten durch die Mitunterschrift des Rechtsanwalts keinerlei Gewähr dafür, daß ihr Vorbringen sachgemäß, vollständig und zur Wahrnehmung ihrer Interessen diensam sei; denn dies zu beurtheilen, ist der mit der Sachlage im übrigen unbekannte Rechtsanwalt nicht im Stande, kann auch dazu um soweniger berufen und verpflichtet sein, als sein Rath ja gar nicht verlangt wird. Die in der eben gedachten Vorschrift erwähnte Verantwortlichkeit kann nur darauf bezogen werden:

> daß die Schrift nicht gegen die Form verstoße, und daß sie nichts enthalte, was sie nicht enthalten darf,

und die sehr nahe liegende Vorstellung, daß auch der für die Sachführung wesentliche Inhalt dadurch gedeckt werde, ist ohne allen Grund und Boden. Wie die Verantwortlichkeit dafür geltend gemacht werden sollte, ist nicht abzusehen.

Dagegen trägt — wie die Erfahrung lehrt — diese ganze Anordnung wesentlich dazu bei, die durch die alte Gerichtsordnung gebilligte Meinung zu bestärken, daß behufs der Prozeßführung die Mitwirkung eines Rechtsanwalts weder nützlich noch förderlich, in jedem Falle aber nicht nothwendig sei; die Parteien wenden sich daher an Winkelconsulenten, um von solchen ihre Schriften anfertigen zu lassen, und es hat deren Gewerbe einen noch nie dagewesenen Aufschwung genommen.

Mitunter verstehen dergleichen Leute ihr Geschäft ganz gut und mancher Prozeß wird von den Parteien mit ihrer Hülfe glücklich durchgeführt. Anderseitig ist die Möglichkeit nicht zu bestreiten, daß auch von einem Rechtsanwalt einmal etwas versäumt oder versehen werden kann. Aber beides kann als Regel nicht betrachtet werden.

Für Rechtsanwalte, die ihren Beruf darin finden, den Parteien mit ihrer Rechtskunde beizustehen, muß das Legalisiren solcher von Winkel-Advokaten verfaßten Prozeßschriften und das Geschäft, die Uebungen der Parteien in der juristischen Schreibweise zu beaufsichtigen, eine höchst widerwärtige Aufgabe sein.

§. 28. Ein gesetzlich streng geregeltes Verfahren, welches jede Versäumniß, jedes Versehen mit unwiderruflichen Nachtheilen belegt, und nicht nur große Vorsicht und Pünktlichkeit, sondern auch eine Umsicht und Gewandtheit, wie sie nur bei genauer Kenntniß der Gesetze und der Prozeßordnung erwartet werden kann, bei der Prozeßführung erfordert, weiset mit Nothwendigkeit die Parteien auf rechtskundige Beistände und Vertreter an. Als solche zu dienen sind die Rechtsanwalte berufen, und ihre Anstellung von Seiten des Staats als Beamte leistet Gewähr dafür, daß sie die zu diesem Berufe erforderlichen Kenntnisse und Eigenschaften besitzen. Rechts-Anwalte.

Die Anordnung, daß jede Prozeßschrift von einem Rechts-Anwalt unterzeichnet sein müsse, war ein Fingerzeig für die Parteien, daß es wohlgethan sein werde, die ganze Prozeßführung in die Hände eines solchen zu legen. Wie schon bemerkt, hat sie nicht dahin geführt, diese Einsicht zu verbreiten. Vielleicht hat man gemeint, dieselbe werde sich wohl von selbst Bahn brechen, wenn erst der neue Prozeß sich völlig eingebürgert und die alte Gerichtsordnung in Vergessenheit gebracht haben würde. Allein abgesehen davon, daß die alte Gerichtsordnung ja noch gar nicht außer Kraft gesetzt worden, ist die Erwartung, die Leute werden durch Schaden klug werden, theils ein unzulässiges Argument in einer Frage der Gesetzgebung; theils ist dieselbe auch gar nicht gerechtfertigt. Das Prozeßführen ist nicht als dauerndes Geschäft betrieben zu werden bestimmt. Nur den Winkel-Consulenten und etwa solchen Leuten, die aus unlauteren Motiven stets in Prozessen verwickelt sind, kann die Erfahrung zu statten kommen, nicht den friedliebenden redlichen Leuten, die einmal in einen Rechtsstreit gerathen, an dem vielleicht ihr Wohl und Weh hängt, und die am meisten der Berücksichtigung würdig und bedürftig sind. Grade diese haben aber gewöhnlich gar keine Vorstellung davon, was zur Führung eines Prozesses gehört[1]).

---

1) „Aber dem materiellen Recht muß überall die Bahn gebrochen werden, und bei der Verhandlungs-Maxime ist es doch immer eine trübselige Erscheinung, wenn ein rechtsunerfahrener Biedermann einem rechtsklügeren Gegner gegenübersteht, ohne daß jenem der Richter durch seine Gesetzkenntniß zu Hülfe kommen soll.“ — — — „Wie die Untersuchung-Maxime an den Richter,

Es ergiebt sich aus alle dem als nothwendig im Interesse der Parteien, sowie der Ordnung des Rechtsganges:

daß die prozeßführenden Parteien ausdrücklich angewiesen werden, sich bei der Prozeßführung durch Rechtsanwalte vertreten zu lassen.

Das ist keinesweges eine Beschränkung der Parteien in ihrer Freiheit, insbesondre nicht gegenüber dem jetzigen Zustande, wo

a. wenn sie ihre Schriften selbst verfassen, sie genöthigt sind, solche der Controlle eines Rechtsanwalts zu unterwerfen, ohne sich irgend eines Vortheils für die Sachführung dadurch zu erfreuen;

b. wenn sie sich eines Winkel-Consulenten bedienen, zwar dieselbe Controlle eintritt, aber die Gefahr nahe liegt, daß das Vorbringen entstellt oder verdreht wird; — man doch auch gewiß nicht sagen kann, die Partei führe ihre Sache selber; —

c. wenn sie endlich ihre Aeußerung beim Gericht zu Protokoll geben, sie sich doch auch einem Beamten anvertrauen müssen, und zwar einem Beamten, der nicht den Beruf hat, sich in ihre einseitigen Interessen zu vertiefen, und dessen Zeit in der Regel sehr beschränkt ist.

Die Befugniß, einen dieser Wege einzuschlagen, ist nur dazu gemacht, auf Abwege zu führen, ohne den Parteien das selbständige Handeln zu gestatten.

Die Freiheit, ihr Recht zu vertheidigen oder nicht, mag ihnen unbenommen bleiben; wenn sie sich aber einmal zu dem ersteren entschließen, so müssen sie sich der Ordnung des Gesetzes fügen, und die Gesetzgebung ist verpflichtet, mithin berechtigt, sie auf den richtigen Weg zu weisen. Dieser kann kein andrer sein, als die Prozeßführung durch Rechtsanwalte, die vom Staate angestellt sind, unter Controlle der Gerichte und

---

so stellt die Verhandlung-Maxime zu hohe Anforderungen an die Parteien." Roßbach, Philosophie der Gerechtigkeitspflege, pag. 128.

Dem Richter zu überlassen, ungeschickte Parteien zur Annahme eines Anwalts anzuhalten, oder ihnen solchen zuzuordnen, ist offenbar eben so unzulässig, als die von Roßbach a. a. O. pag. 137, 138 empfohlene Verweisung derselben an den Staats-Anwalt. Eins wie das andere wäre einerseits eine Beeinträchtigung der Freiheit der Parteien durch Bevormundung, andrerseits wäre dem Richter eine große Verantwortlichkeit aufgebürdet, die ihm nicht zugemuthet werden kann. Es giebt nicht leicht eine Partei, die ihre Sache ordentlich zu führen versteht, wenn sie nicht selbst zu den praktischen Juristen gehört. —

eines Ehrenrathes stehen, deren ehrenvoller **Beruf** es ist, den Leuten zu ihrem Recht zu verhelfen, und deren eignes Interesse es erheischt, sich mit Fleiß und Liebe der ihnen anvertrauten Sachen anzunehmen [1]).

Fragen wir die bisherige Erfahrung, so werden wir finden, daß von der Befugniß, seine Sache selbst zu führen, grade diejenigen Personen, denen man Geschäfts- und Rechtskenntniß, also auch Einsicht von der Bedeutung der Prozeßhandlungen zutrauen kann, niemals Gebrauch machen. Nur Superkluge und Halbgelehrte thun es mitunter, oft zu ihrem eignen Schaden, und belästigen dann in ihren Schriftsätzen wie bei der mündlichen Verhandlung die Gerichte mit langweiligen und nutzlosen Deklamationen. — Prozeßsüchtige und Ränkeschmiede bedienen sich der Winkel-Consulenten; gleich und gleich gesellt sich. — Die Unwissenden und Unerfahrnen lassen, wenn nicht ein glücklicher Zufall sie einem verständigen Rechtsanwalt zuführt, sich leicht von einem klugen Nachbar zu einem vielversprechenden Winkel-Consulenten hinleiten, oder sie lassen im alten Vertrauen auf das Gericht sich bei diesem zu Protokoll nehmen, und erscheinen dann zur mündlichen Verhandlung — allenfalls im Beistande der redelustigen, aber nicht zum Wort verstatteten Frau, — wo sie dann, in der Erwartung einer zwanglosen Unterhaltung über ihre Angelegenheit getäuscht, nur in seltnen Fällen das vorzubringen verstehen, worauf es ihnen ankommt, oder doch ankommen sollte.

Daß dieser Zustand normal sei, kann gewiß nicht behauptet werden.

Man hat gesagt: die Advokaten sind die Wächter an den Pforten der Themis. Und das ist auch ihre wahre Bestimmung, nämlich zu sorgen, daß nichts Unreines und Gemeines da ein- und ausgehe. Sie sollen dem **Richter** behülflich sein in seinem Bestreben, die **Wahrheit** zu ergründen und das Recht zu finden; den **Parteien** sollen sie aber dafür Gewähr leisten, daß sie vom **Richter gehört werden**. Anderseitig ist ihre sachkundige Mitwirkung der sicherste Antrieb für den Richter, mit Aufmerksamkeit zu hören und all seine geistige Kraft zur Findung des

1) Zur Sicherstellung der Parteien, welche das Gesetz zur Bestellung eines Anwalts anweiset, wird ihnen eine Mißbilligungsklage in der Weise des Code de proc. Art. 352 ff. zu gestatten sein für den Fall, daß der Anwalt gegen seine Instruction eigenmächtig verfährt und ihr Interesse dadurch gefährdet.

Rechts aufzuwenden. Durch dieses in wechselseitiger Anregung und Controlle sich stets bewegende gemeinsame Wirken, und nur durch solches, ist zu erreichen — was die Gerichtsordnung zur Ungebühr von der alleinigen Thätigkeit des Richters forderte, — eine geregelte zum wahren Heil der streitenden Parteien diensame Gerechtigkeitspflege. Nur so kommen beide Stände, Richter und Anwalt, zu ihrem Recht und zu ihrer wahren Würde, welche beruht auf der Ueberzeugung von ihrer wohlthätigen Wirksamkeit und auf der Achtung vor der Wissenschaft, die nun einmal nicht das Gemeingut Aller sein kann[1]).

Die Nothwendigkeit, sich eines Rechtsanwalts zu bedienen, ist keine Beschränkung für die Parteien, sondern Befreiung von der Sorge für Beobachtung der strengen Ordnung des Prozesses, einer Sorge, die ihnen nicht zugemuthet, ihnen aber nicht anders abgenommen werden kann, als durch die dazu berufenen Rechts-Anwalte. Und so wie die Pfuscherei in der Heilkunde zu verbieten, ist der Staat ohne Zweifel auch berechtigt, dem jetzt jeder Controlle sich entziehenden Treiben der Winkel-Advokaten ein Ziel zu setzen. —

Die Parteien werden in der Verfügung über den Gegenstand des Streits, ja über den Prozeß selbst durch den Anwalt, den sie frei wählen, in keiner Weise beschränkt; sie können bei der mündlichen Verhandlung selbst zum Wort, wenn sie dessen mächtig sind, verstattet werden — im Beisein ihres Anwalts — wie dies der §. 85 des Code de procedure zuläßt; — eben so können sie anderen Verhandlungen, namentlich den Zeugen-Verhören[2]), persönlich beiwohnen; außerdem gewinnen sie durch den freien und ungezwungenen Verkehr mit dem Anwalt, dessen Interesse sich mit dem ihrigen identificirt, einen größeren Spielraum

1) In den Motiven zur Civilprozeß-Gesetzvorlage für das Großherzogthum Oldenburg vom 20. Januar 1855 wird gesagt: „Ohne Mitwirkung tüchtiger Anwalte wird die Mündlichkeit des Verfahrens nie gedeihen und ihren Zweck erreichen. — — — — Da ohne Anregung das Interesse an der Wissenschaft zu leicht erlahmt, — da die Erhaltung eines regen wissenschaftlichen Geistes sich nur bei dem Gerichte erwarten läßt, wo Berufsgenossen in größerer Zahl in Berührung kommen, — da insbesondre für die Mündlichkeit der Verhandlung Richter und Anwalte gegenseitig von einander lernen können und müssen." Archiv f. civilistische Praxis, Bd. 38, pag. 294.

2) Daß die persönliche Anwesenheit der Parteien bei den Zeugenverhören der Ermittelung der Wahrheit nicht hinderlich, sondern förderlich ist, und die Parteien dazu berechtigt sind, ist von vielen auswärtigen Gesetzgebungen längst anerkannt.

zur ruhigen Ueberlegung und Zusammenstellung des Materials und ihrer Hülfsmittel, und sind vor jeder Uebereilung bewahrt[1]).

Der sogenannte Advokatenzwang wird hiernach in keiner Beziehung als ein Zwang empfunden werden, sondern nur als eine nothwendige und wohlthätige Ordnung; es ist auch keine neue Einrichtung, sondern dieselbe hat in den Ländern des gemeinen Prozesses längst bestanden, und nach einem vollgültigen Beleg dafür, wie sie bei strenger Regelung des Prozesses als eine Wohlthat empfunden wird, darf man nicht weit suchen. Man frage nur die Rheinprovinz, ob dort von irgend einer Seite her eine Aenderung in dieser Beziehung gewünscht wird.

Es folgt von selbst daraus, daß die Rechtsanwalte nicht nur für Jeden zugänglich, sondern auch verpflichtet sein müssen, unvermögenden Parteien ohne Aussicht auf Entgelt ihren Rath und Beistand angedeihen zu lassen. — Damit Einzelne nicht in solcher Weise übermäßig in Anspruch genommen werden, ist es unvermeidlich, den Gerichten hierin behufs gleichmäßiger und angemessener Vertheilung eine Zuständigkeit zu belassen, — wenn diese Angelegenheit nicht etwa in die Hände des Ehrenraths oder einer blos zu diesem Zweck zu schaffenden Behörde überwiesen werden soll[2]).

---

1) Daß die Befugniß, in Person Prozesse zu führen, nicht — wie dies in dem „Entwurf einer Civilprozeß-Ordnung für den preußischen Staat von Koch, 1848, pag. XXIII" geschieht, — als ein Ausfluß der bürgerlichen Freiheit zu betrachten sei, wird keiner Ausführung bedürfen; es gehört diese Auffassung einem hoffentlich überwundenen Standpunkte an. — Eben daselbst wird §. 64 vorgeschlagen, auch andre Personen, als Rechts-Anwalte,

welche für ihre Bemühung keine Bezahlung annehmen,

als Beistände und Vertreter der Parteien zuzulassen. — Wie das zu controlliren sei, ist nicht abzusehen; der Winkelpraxis würden damit die Thore weit geöffnet sein. Den Parteien beziehungsweise ihren besagten Beiständen und Vertretern soll nach §. 66 das Wort versagt werden, wenn sie sich dessen nicht mit Anstand und Klarheit zu bedienen wissen. — Zu welchen Unzuträglichkeiten das führen müßte, liegt auf der Hand.

2) In Frankreich bestehen seit 1851 neben den Gerichten eigne Behörden unter der Benennung:

„Bureaux d'assistence judiciaires"

zusammengesetzt aus Richtern, Advokaten und fiscalischen Beamten, deren Beruf es ist, nicht nur die Bedürftigkeit, sondern auch die Würdigkeit der als arm sich meldenden Parteien — insbesondere, ob sie anscheinend Grund zum Prozessiren haben — zu prüfen, um die Bestellung eines Anwalts herbeizuführen, und so einestheils die den Hülfsbedürftigen vom Gesetz verheißene Wohlthat nicht illusorisch werden zu lassen, anderntheils den Mißbrauch zu verhüten. Die Einrichtung dieser Behörden, welche auch zur Vermittelung eines Vergleiches mit dem Gegner ermächtigt sind, soll sich als sehr zweckmäßig bewährt haben. — So wird berichtet in Jagemann's Gerichts-Saal, Jahrgang 6, pag. 389 ff.

Vermehrung der Zahl der Rechts-Anwalte.

§. 29. Werden in solcher Weise den Gerichten diejenigen Geschäfte abgenommen, die in das Gebiet der Advokatur gehören, und wird diese vollständig in ihre Rechte eingesetzt, so ergiebt sich daraus von selbst, daß es möglich sein wird, das Richterpersonal zu vermindern, daß dagegen jedenfalls die Zahl der Rechtsanwalte erheblich wird vermehrt werden müssen.

Die Gerichtsordnung[1]) stellt als Grundsatz auf, es solle

„dahin gesehen werden, daß es auf der einen Seite dem Publico an einer hinlänglichen Auswahl solcher Männer, deren es sich in seinen Rechtsangelegenheiten bedienen könne, nicht gebreche; —

auf der andern Seite aber auch durch eine zu große Vermehrung derselben, und den daraus entstehenden Mangel hinlänglicher Subsistenz, zu Erregung und Unterhaltung der Streitsucht unter den Einwohnern, zu Betrügereien und Unterschleifen und zu anderen dergleichen unerlaubten Handlungen, wozu Nahrungslosigkeit und Noth mannigfaltigen Reiz enthalten, kein Anlaß gegeben werde."

Da die Gerichtsordnung ohnehin den Advokatenstand gewissermaßen nur als ein unvermeidliches Uebel betrachtete und ungern duldete, so wurde in Anwendung dieses Grundsatzes die Zahl der Justiz-Commissarien auf das allerdringendste Bedürfniß beschränkt. Die Folge davon war, daß — besonders in volkreichen Städten und bei den Obergerichten — viele derselben weit mehr Geschäfte übernahmen, als sie eigentlich bestreiten konnten. Die Sorgfalt, welche das Notariat und andre außergerichtliche Geschäfte in Anspruch nahmen, ging der Prozeßpraxis großentheils verloren, und es konnte dies füglich geschehen, da es ja den Gerichten oblag, für den Prozeßbetrieb zu sorgen. — Jetzt ist es anders. Der Rechtsanwalt kann nicht mehr, wie früher, dem deputirten Referendar seine Manual-Acten hingeben, um aus der darin enthalten Information seine Erklärung zu entnehmen und in ein kunstgerechtes Protokoll zu fassen; er kann nicht mehr darauf rechnen, daß das Gericht ihm sagen werde, über welche Punkte es noch seiner näheren Auslassung bedürfe, oder daß der vom Gericht entworfene status causae et controversiae ihm den eigentlichen Stand der Sache klar machen und ihm Gelegenheit

---

1) Allg. G.-O. III, 7, §. 5.

bieten werde, das etwa Versäumte nachzuholen; — sondern es ist seine Sache, das Prozeßmaterial seines Klienten zu sammeln und zu sichten, er muß für den Inhalt der Schriftsätze, die sich später nicht verbessern und vervollständigen lassen, einstehen; er muß von der ganzen Sache und worauf es dabei ankommt, gründlich Bescheid wissen und den Rechtspunkt durchdacht haben, um bei der mündlichen und öffentlichen Verhandlung seine Pflicht thun zu können; seine Ehre, sein guter Ruf, wovon seine Existenz abhängt, sind dadurch bedingt.

Dies, was der Partei die gute Wahrnehmung ihrer Gerechtsame verbürgt, macht es zugleich dem Rechtsanwalt unmöglich, mehr Prozeßführungen zu übernehmen, als er nach seinen Kräften bestreiten kann. Er muß also berechtigt sein, wenn er dieses Maaß erfüllt sieht, weitere Zumuthungen abzulehnen, denn es ist seine Pflicht, sich die Möglichkeit der treuen Pflichterfüllung zu erhalten [1]).

Wenn nun das Publikum auf den Beistand der Rechts-Anwalte angewiesen ist, so muß vor allen Dingen dafür gesorgt sein:

> daß es ihm an einer hinlänglichen Auswahl nicht fehle.

Der Fall, daß ein Rechtsuchender keinen Anwalt finden kann, darf gar nicht vorkommen; — und da es auf der Hand liegt, daß diejenigen Rechtsanwalte, deren Ruf schon lange begründet ist, minder zugänglich und stets in der Lage sein werden, ihnen angetragene Sachen zurückweisen zu müssen, um ihre alten Kunden bedienen zu können, so ist eine hinlängliche Auswahl nur dann vorhanden. wenn auch unter den minder beschäftigten tüchtige Männer zu finden sind.

Es kann hiegegen nicht eingewendet werden, daß es schon jetzt Rechtsanwalte gebe, welche sehr selten vor den Schranken des Gerichts gesehen werden. Die Thatsache ist richtig, forscht man aber nach dem Grunde, so giebt es zuvörderst deren viele, die durch Syndikate und andre Nebengeschäfte so sehr in Anspruch genommen sind, daß sie zur Prozeßpraxis keine Zeit erübrigen können; — andre beschäftigen sich lieber mit der Notariatpraxis; — manche besitzen hinreichendes Vermögen, um eine große Arbeitlast von sich abwenden zu können; — wer also an einen von

1) Allg. G.-O. a a. O. §. 26, ad c.

alle diesen, oder an einen bereits übermäßig beschäftigten Rechts-Anwalt sich vergebens gewendet hat, dem bleibt nur eine geringe Auswahl unter denen, die deshalb wenig in Anspruch genommen sind, weil es ihnen nicht hat gelingen wollen, sich das Vertrauen des Publikums zu erwerben [1]). — Es unterliegt keinem Bedenken, daß dieser Zustand die Winkelpraxis zu befördern geeignet ist, ja sie zur Nothwendigkeit hat werden lassen. —

Sonach ist es eine unabweisbare aus dem Rechte, von dem Richter gehört zu werden, abzuleitende Forderung des Publikums, mithin eine Nothwendigkeit:

daß die Zahl der Rechtsanwalte nicht nach dem dringenden Bedürfniß — wie dies jetzt geschieht — ängstlich bemessen werde,

sondern

daß sie größer sei, als grade nöthig ist, um die Arbeit, als eine Last, zu bewältigen,

weil anders eine hinlängliche und freie Auswahl unter ihnen nicht dargeboten sein kann; — weil zu einem Wetteifer unter ihnen Raum gegeben sein muß, der mit der freien Auswahl des Publikums in nothwendiger Wechselbeziehung steht.

Bedenken dagegen. §. 30. Die in der Gerichtsordnung ausgesprochene Besorgniß, daß die Vermehrung der Zahl der Rechtsanwalte den Mangel an genügenden Subsistenzmitteln zur Folge haben und demoralisirend auf den Stand wirken, insbesondre Streitsucht und sogar Betrügereien und dergl. befördern würde, scheint bisher noch immer obgewaltet zu haben.

Abgesehen davon, daß der oben dargethanen Nothwendigkeit gegenüber jedes Bedenken zurücktreten muß, kann diese Besorgniß auch als begründet nicht anerkannt werden.

In den Augen der Verfasser der Gerichtsordnung war jeder Advokat von Natur ein Rabulist, und die Justiz-Commissare, denen doch ein Stückchen Advokatur überlassen werden mußte, schwebten in Gefahr, solche zu werden. Dies zu verhüten, mußten sie unter strenger Aufsicht und Controlle gehalten, durch Rügen und Strafen zu ihrer Pflicht genöthigt werden, bei jeder Gele-

---

1) Unter diesen giebt es ehrenwerthe und tüchtige Männer, deren Persönlichkeit nur überhaupt für diesen Beruf sich nicht eignet, und die ihn zu einer Zeit ergriffen haben, als noch kein öffentliches Auftreten und Reden damit verbunden war. Mancher würde seinen Platz in einem Richter-Collegium sehr wohl ausfüllen.

genheit ihre Manual-Acten vorlegen, um sich über ihre Geschäftsführung und über ihren Fleiß auszuweisen, und sich Belehrungen und Zurechtweisungen vom Gericht, sowie in den Terminen von den Deputirten gefallen lassen. Damit sie aber gar keine Entschuldigung hätten, mußte man auch väterlich sorgen, daß sie zu leben hätten. Das alles folgte consequent aus dem Princip.

Vor dem Richter standen wesentlich nur die Parteien selbst, und wenn der Justiz-Commissar, dessen Platz eigentlich hinter den Coulissen war, vortreten durfte, so vertrat er im eigentlichsten Sinne nur die Stelle der rechtsunkundigen und unbeholfenen Partei, und wurde demgemäß behandelt. — Alles dies, und der Umstand, daß die Justiz-Commissare sich nicht selten eines sehr guten Einkommens erfreuten, machte die auf ein kärgliches Gehalt beschränkten Männer der Gerichtsordnung sehr geneigt, den ganzen Stand als einen solchen, der mehrentheils nur aus Gewinnsucht ergriffen werde, anzusehen und zu mißachten.

Man muß sich dieses trübe Bild vollständig vergegenwärtigen, um den großen Unterschied zwischen Sonst und Jetzt klar zu erkennen.

Jetzt sind die Parteien, denen die Fähigkeit, selbst ordnungsmäßig zu agiren, nicht beigemessen wird, gleichsam hinter die Coulissen gewiesen, wo sie der Handlung so nahe stehen als ihr Interesse erheischt; zum Agiren sind wesentlich die Rechtsanwalte berufen, nicht um als Schauspieler zu scheinen, was sie nicht sind, sondern um mit Ernst und Würde der Wahrheit zu dienen und dem Recht zum Siege zu verhelfen. Von einem Einwirken des Gerichts auf ihr Handeln oder gar von einer Leitung desselben kann nicht die Rede sein; wenn sie auch als Vertreter rechtsuchender Parteien sich der etwanigen Prozeßleitung des Gerichts zu fügen haben — wobei das Gericht nur die Ordnung des Gesetzes vertritt, — so ist doch ihr berufmäßiges Handeln ein vollkommen selbständiges, und sie sind nur ihren Klienten dafür verantwortlich. Und ihr Thun liegt nicht verborgen in einem Aktenschacht, sondern offen vor den Augen ihrer Klienten und des Publikums.

Diese den Rechtsanwalten der Natur der Sache nach gebührende ehrenvolle und selbständige Stellung trägt die Bürgschaft für die Erhaltung ihrer Integrität in sich, und bedarf zu deren Sicherstellung gar keiner äußeren Mittel.

Daß die Vermehrung der Rechtsanwalte eine Vermehrung

der Prozesse zur Folge haben werde, ist eine völlig ungegründete Besorgniß. Es ist ja jetzt doch auch Niemand am Prozessiren behindert, und da nicht anzunehmen ist, daß die Leute den Rechtsanwalten zu Liebe ihr Geld wegwerfen werden, so könnte man eher glauben, mancher leichtsinnige Prozeß werde unterbleiben, wenn der Prozessirende genöthigt ist, sich eines Anwalts zu bedienen und diesen zu honoriren. Sollte aber auch wirklich dadurch, daß junge tüchtige, durch eine Last von Geschäften noch nicht bedrängte, darum zugängliche Rechtsanwalte dem Publikum zur Auswahl gestellt werden, mancher gestörte Rechtszustand zur Sprache und zum Austrag kommen, der jetzt auf sich beruhen bleibt, und sollte hiedurch in der That eine größere Zahl von Prozessen sich herausstellen[1]), so ist das gewiß weniger ein Nachtheil als ein Vortheil für das Publikum, bei welchem durch die vermehrte Gelegenheit, von sachkundigen Männern Rath und Belehrung zu erlangen — dem jetzigen Treiben der Winkel-Consulenten gegenüber — der Sinn für Recht und Gesetzlichkeit immer mehr belebt werden würde. Dabei ist nicht zu übersehen, daß, während jetzt die Leute sich nur dann an einen Rechtsanwalt wenden, wenn sie einen Prozeß durchaus führen wollen oder müssen, ihnen Gelegenheit geboten wäre, sich über ihr zu beobachtendes Verhalten zur Vermeidung von Nachtheilen und zur Verhütung von Prozessen Rathes zu erholen.

Ebenso ist die Befürchtung, daß das Streben nach Praxis zur Folge haben werde, daß mehr faule Sachen Vertheidiger fänden, durch nichts gerechtfertigt. Auch jetzt findet manche faule Sache einen Vertheidiger unter den Rechtsanwalten, und es giebt — zumal in größeren Städten — gewöhnlich einzelne, die für dergleichen eine Liebhaberei zu haben scheinen. Außerdem giebt es ja Winkel-Consulenten genug. — Viele werden, wenn das Gesetz sie nöthigt, sich eines ordentlichen Rechts-Anwalts zu bedienen, sich mit ihren unlauteren Intentionen an junge Männer wenden in der Erwartung, das Verlangen nach lohnender Praxis werde diese gefügiger machen; — sie werden

1) Bei der Freiheit der medicinischen Praxis und der in Folge dessen vermehrten Zahl der Aerzte kann es auch geschehen, daß die statistischen Nachrichten eine größere Zahl von Erkrankungen nachweisen, nicht weil mehr Leute den Aerzten zu Liebe krank werden, sondern weil sie mehr Gelegenheit haben, sich von Aerzten kuriren zu lassen — während sie sich früher an Quacksalber wandten. (cf. Koch in dem oben angezogenen „Entwurf ꝛc." pag. XXII.)

sich ohne Zweifel in der Regel in dieser Erwartung getäuscht sehen. Nicht nur das Pflichtgefühl, sondern schon die Klugheit muß den strebsamen jungen Mann antreiben, einen fleckenlosen Ruf zu bewahren.

Wenn aber auch, wie nicht zu bezweifeln, hier und da sich einer finden wird, dessen Grundsätze minder fest stehen und der sich zum Dienste der Schwindler erniedrigt, so wird er bei der nothwendigen Oeffentlichkeit seines Auftretens sich bald selbst um alles Vertrauen — wenigstens bei dem besseren Theil des Publikums — bringen, und das treffliche Institut des Ehrenrathes wird sein Augenmerk auf ihn richten. —

Daran, daß es Schwindler giebt, ist die Advokatur in ihrer jetzigen Verfassung wahrlich nicht Schuld, und wenn sie in ihre vollen Rechte eingesetzt wird, so kann dies nur dahin führen, den Wirkungskreis der Schwindler zu beschränken.

Was endlich die Rücksicht betrifft, die Vermehrung der Zahl der Rechtsanwalte werde zur Folge haben, daß es vielen derselben an einem anständigen Auskommen fehlen werde, so kann dem unbedingten Anspruche des Publikums auf eine hinlängliche Auswahl gegenüber diese Rücksicht als berechtigt und zulässig nicht anerkannt werden. Die Rechtsanwaltschaft ist um des Publikums willen da; sie ist keine Versorgungsanstalt, sondern ein Feld, auf welchem Talent und Wissen sich nützlich machen und bewähren sollen, und auf welchem doch auch nicht blos Ehre zu gewinnen ist; denn die Taxe ist so bemessen, daß schon mäßige Beschäftigung ein Einkommen gewährt, wie es kaum mit den Stellen älterer Richter verbunden ist. Das ist auch in der Ordnung; wo die Tüchtigkeit für den Erfolg entscheidet, muß sie mit äußeren Vortheilen verbunden sein; Ehre und Gewinn müssen Hand in Hand gehen.

Darüber findet wohl kein Zweifel statt, daß denen, die diesen Beruf wählen, für den Erfolg und insbesondre für ein genügendes Auskommen keine Garantie geboten werden kann und soll, und daß auch die jetzt in beschränkter Zahl vorhandene Rechtsanwalte einen Rechtsanspruch darauf, daß es hierbei bewenden müsse, nicht haben. Allerdings ist es nicht unwahrscheinlich, daß bei Vermehrung der Zahl mancher derselben eine Einbuße an Geschäften und folglich auch am Einkommen erleiden werde, sogar schon in dem Falle, wenn nur in dem Maaße, wie es die oben vorgeschlagene Anweisung der Prozeßführenden auf den Beistand der Rechtsanwalte von selbst bedingt, die Zahl derselben vermehrt wird. Indessen die Vertheilung der Geschäfte ist auch jetzt — wie das in der Natur der Sache liegt, — keine gleichmäßige. Die schon jetzt vielbeschäftigten und gesuchten Rechts-Anwalte, deren Namen einmal im Publikum einen guten Klang hat, laufen am wenigsten Gefahr, von jungen Collegen verdrängt zu werden; sie haben immer den Vortheil größerer Erfahrung, Geschäftskenntniß und Sicherheit voraus [1]). Diejenigen, die schon jetzt nichts zu thun haben, können nichts einbüßen; hauptsächlich werden es also diejenigen sein, die in der Mitte zwischen beiden Extremen sich befinden, und von diesen haben doch auch viele den Vortheil einer alten Kundschaft voraus, die sie bei redlichem Fleiß sich zu erhalten wissen werden.

Jedenfalls kann der unvermeidliche Verlust, den einer oder der andre erleidet, kein Hinderniß abgeben, eine für das rechtsuchende Publikum nothwendige, auch für den Stand der Rechtsanwalte im Ganzen unbedenklich höchst ersprießliche Maßregel immer weiter hinaus zu schieben. Will man aber den jetzigen Besitzern des Quasi-Monopols mit Hinsicht darauf, daß sie diesen Beruf unter ganz anderen Voraussetzungen erwählt haben, einige Berücksichtigung zu Theil werden lassen, so kann diese zunächst darin bestehen:

1) daß die neu anzustellenden Rechtsanwalte vorläufig nicht mit dem Notariat beliehen, — vielleicht auch die Gerichte von den Notariatgeschäften — mit Ausnahme etwa derer auf der Hypothekenstube — ganz entlastet werden [2]);
2) sodann ist es auch nicht grade nothwendig, die Praxis sofort völlig freizugeben, sondern es kann, wenn nur das Princip festgehalten wird, die Vermehrung der Zahl der Rechtsanwalte allmälig erfolgen; endlich
3) wäre den Rechtsanwalten der Uebertritt zum Richteramte zu erleichtern.

Schließlich ist noch zu erwähnen, daß eine Klasse des Publikums, die nicht außer Berücksichtigung bleiben darf, — die Armen nämlich — nur durch die Vermehrung der Rechtsanwalte zur

---

1) Die Erfahrung lehrt, daß ungeachtet die medicinische Praxis völlig frei ist, es doch tüchtigen älteren Aerzten niemals an Beschäftigung fehlt.

2) Dem steht nur die Rücksicht auf den Sportel-Ertrag entgegen, — eine Rücksicht, die nicht maaßgebend sein sollte.

vollen Theilnahme an der Wohlthat dieses Instituts gelangen kann, während sie in der jetzt oft als Aushülfe dienenden Zuordnung von Referendarien und Auscultatoren — die selten in der Lage sind, einen Prozeß zu Ende führen zu können, so daß ein oft mehrmaliger Wechsel der Person unvermeidlich ist — eine stiefmütterliche Behandlung ihrer Angelegenheiten zu finden geneigt ist. Junge noch unbeschäftigte Rechtsanwalte werden gern jede Gelegenheit, sich zu zeigen, ergreifen.

Die Advokatur als Vorbereitung zum Richteramte.

§. 31. Es ist, wie schon bemerkt, billig, daß denjenigen Rechtsanwalten, welche durch den Zufluß frischer Kräfte sich in ihrer Stellung beeinträchtigt halten, der Uebertritt zum Richteramte gestattet werde; es ist nicht abzusehen, warum dies nicht geschehen sollte, wenn gegen ihre Qualification nichts eingewendet werden kann. — Auch in der Folge wird es bei Vermehrung der Anzahl über das eigentliche Bedürfniß hinaus vorkommen, daß Einzelne in diesem Beruf nicht die gehoffte Befriedigung finden. Man wird ihnen ohne Zweifel nicht verwehren, sich um ein andres Amt, zu welchem sie sich eignen, — auch um ein Richteramt — zu bewerben. Es wäre aber traurig, wenn diese Rückkehr nur als Nothbehelf betrachtet werden sollte, vielmehr verdient es reifliche Erwägung, ob es nicht der richtige Weg ist:

die Advokatur als die angemessenste und beste Vorbereitung zum Richteramte aufzufassen[1]).

Die Erfahrung aller Zeiten und Länder der civilisirten Welt spricht dafür.

Nichts kann so sehr geeignet sein, die Urtheilsfähigkeit zu erhöhen, als die Nothwendigkeit, bei Ertheilung von Rathschlägen und Verfechtung bestimmter Interessen allen Scharfsinn aufzubieten, um in Auffindung des Rechtspunktes nicht fehlzugreifen, das Gewicht entgegenstehender Bedenken richtig zu schätzen und

1) Soll der Richterstand nur aus der Advokatur sich ergänzen, so würde eine völlige Freigebung der Advokatur damit Hand in Hand gehen müssen. Es leuchtet ein, daß ein plötzlicher Uebergang zu solchem, dem jetzigen gradezu entgegengesetzten Zustande sein Bedenkliches haben würde. Hier kommt es nur darauf an, einer richtigen Auffassung des Verhältnisses beider Stände das Wort zu reden. — Der übermäßigen Vermehrung der Rechts-Anwalte durch Versagung weiterer Concessionen vorzubeugen, hat die oberste Justizbehörde immer in ihrer Gewalt. — Mancher junge Assessor, welcher jetzt längere Zeit als überflüssiges Mitglied eines Gerichts fungirt, würde mit mehr Nutzen sich einem vielbeschäftigten Rechts-Anwalt als Gehülfe zugesellen und darin eine bessere Vorbereitung für beide Berufsarten finden können.

bei öffentlicher Vertheidigung der Sache die Einwürfe eines gewandten Gegners sofort zu widerlegen; daneben gewährt der tiefere Einblick in die Angelegenheiten der Klienten einen Schatz von Lebenserfahrung und Geschäftskenntniß. Wer sich darin geübt hat, den Interessen der Einen Partei mit Theilnahme und gespannter Aufmerksamkeit sich zu widmen, was ohne Beobachtung und Verfolgung der Taktik des Gegners nicht denkbar ist, — wird geschickter sein, die Intentionen beider Theile, — worauf es für den Richter ankommt, — richtig zu verstehen und zu würdigen.

Soll hiergegen eingewendet werden, es sei nicht Sache des Richters, sich in die Interessen der Parteien zu vertiefen, so hat dieser Einwurf nur einen Schein von Wahrheit, beruht aber in der That auf einer ganz oberflächlichen und mangelhaften Vorstellung von dem Berufe des Richters.

Die Gerichtsordnung ging darin zu weit, daß sie nicht blos Rücksichtnahme auf das Wohl und die wahren Interessen der Parteien dem Richter empfahl, sondern auch die Sorge dafür ihm als Pflicht auferlegte. So wie jede Reaktion leicht in der entgegengesetzten Richtung über das rechte Maaß hinausgeht, so findet man heutzutage, daß manche Richter, nachdem ihnen die Pflicht der Sorge abgenommen ist, auch jene Rücksichtnahme als dem Richteramte fremd, gern von sich abweisen, und an der noch bestehenden Vorschrift der Gerichtsordnung, wornach der Richter sich die schnelle Beendigung der Prozesse soll angelegen sein lassen, festhaltend, das Ihrige gethan zu haben meinen, wenn sie allen Scharfsinn anwenden, um auf Grund einer passend scheinenden Gesetzstelle jede weitere Erörterung abzuschneiden und die Sache durch ein rasches Urtheil nur zu erledigen[1]); — während die unparteiische, aus dem wahren Begriffe der Gerechtigkeit herfließende milde Rücksichtnahme auf das Wohl beider Theile ein gründlicheres Eingehen in die Sache und die Anwendung größerer Mühe in Aufsuchung des zutreffenden Rechtsprincipes — welches nicht immer auf der flachen Hand liegt, wofür aber der Ausdruck im Gesetzbuche nicht fehlen wird — veranlassen würde und veranlassen sollte. — Obwohl dies gar nicht unwichtig ist dafür, daß die Rechtspflege ihrer vornehmsten Aufgabe:

die Wahrheit zu ergründen und darnach zu urtheilen,

---

1) cf. oben §. 24.

genüge, damit sie nicht nur eine prompte, sondern auch eine gottgefällige Gerechtigkeitspflege sei; — obwohl das also nothwendig zu dem richterlichen Berufe gehört, — so kann freilich kein Gesetz gebietend und zwingend hierauf einwirken, und es muß dem einzelnen Richter überlassen bleiben, entweder seine Arbeit als ein trockenes Officium, als eine pflichtmäßig zu tragende Last handwerksmäßig abzuthun, — oder mit Lust und Liebe seinen Beruf als ein nobile officium zu erkennen und zu treiben. Sache der Gesetzgebung ist es aber, keine Gelegenheit, auf praktischem Wege das richtige Verständniß zu fördern, unbenutzt zu lassen.

Daß aus solcher — der Natur der Sache entsprechenden — Anordnung ein großer Gewinn für Wissenschaft und Praxis hervorgehen müsse, kann keinem Zweifel unterliegen; und das ist nothwendig auch ein Gewinn für das rechtsuchende Publikum. — Während die amtlichen Functionen streng geschieden bleiben, wird der von der Gerichtsordnung hervorgerufene und noch immer bestehende Kastengeist zwischen Richtern und Rechtsanwalten sich von selbst verlieren, und man wird sich der Ueberzeugung nicht verschließen können, daß der Uebergang tüchtiger Rechtsanwalte in den Richterstand zur Hebung beider Stände und zur Belebung eines edlen Wetteifers in treuer und voller Pflichterfüllung wesentlich beitragen muß. —

§. 32. Bestimmt das Gesetz die Formen und Fristen, in denen sich der Prozeß zu bewegen hat, und sind die Angelegenheiten der Parteien sachkundigen Händen anvertraut, so kann die Vornehmung der Prozeßhandlungen, welche von den Parteien auszugehen haben, einer besonderen Leitung von Seiten des Gerichts nicht bedürfen; das Gericht kann demnächst nur zu beurtheilen haben, ob die Formen und Fristen beobachtet sind, — nur in dem Falle, wo etwa die Erstreckung einer Frist gesetzlich zulässig ist — wofür sehr bestimmte Normen erforderlich sind — wäre ein desfallsiger Antrag an den Präsidenten des Gerichts zu richten. — Es ist auch nicht abzusehen, warum ohne Antrag einer Partei die Sache zur Verhandlung, zur Audienz gebracht werden sollte. Richterliche Prozeßleitung.

Das Gesetz hat dafür zu sorgen, daß der Prozeß schnell beendet werden kann, allein die Parteien, so weit es auf ihr Handeln ankommt, hiezu zu zwingen oder auch nur zu bestimmen, ist eine unzulässige Einmischung in ihre Privatangelegenheiten, eine Bevormundung. — Lassen sie den Prozeß liegen, so mögen sie ihre guten Gründe dafür haben. Es bedarf nur der Bestimmung einer angemessenen Frist, binnen welcher für beide Theile der Prozeß erloschen ist. (Code de proc. art. 397 ff.)

Erst mit dem Antrage auf die Audienz hat die Prozeßleitung des Gerichts zu beginnen, welches nun von den beiderseitigen Prozeßschriften Kenntniß zu nehmen hat, um zu der Verhandlung und Entscheidung gerüstet zu sein. Früher das Gericht mit den Auslassungen der Parteien zu behelligen, ist überflüssig und zwecklos; auch der Prüfung der von einem Rechtsanwalt verfaßten Klage kann es nicht bedürfen[1]).

Wie weit die schriftliche Vorbereitung der Verhandlung zu gehen habe, um den Sach- und Streitstand klar zu stellen, das werden die beiderseitigen Rechtsanwalte von selbst am besten ermessen. Das Gericht ist gar nicht in der Lage, beurtheilen zu können, ob noch eine Replik und Duplik erforderlich sein werde; die schriftliche Vorbereitung muß aber eine vollständige sein, wenn sie ihren Zweck erfüllen soll. Die jetzt häufig erst bei der mündlichen Verhandlung erfolgende, Replik und Duplik enthaltende Ergänzung, wodurch leicht die Sache eine neue Gestalt erhält, entspricht durchaus nicht dem Begriff einer durch die Schrift wesentlich vorbereiteten Verhandlung. Es hätte sogar, wenn damit keine Erhöhung der Gebührensätze verbunden wäre, die Gestattung einer Triplik und Quadruplik keine Gefahr[2]). Von der Audienz ab erscheint es zweckmäßig, die Prozeßleitung dem Gericht zu belassen; nur wenn die Fortsetzung von der Thätigkeit der Parteien abhängt[3]), ist zu weiterem Einschreiten von Amtswegen kein Grund vorhanden.

---

1) Koch will — in dem schon allegirten „Entwurf" pag. XV, XVI — daß auf eine materielle Prüfung der Klage nicht eingegangen werde; dagegen sollen die weiteren Prozeßschriften vom Gericht revidirt und wenn sie mangelhaft sind, mit einer Randbemerkung zurückgegeben werden. §. 157, pag. 67, cf. pag. XIII. — Es wäre das ein Rückschritt auf den Weg der Bevormundung; nach der heutigen Praxis fällt es keinem Gericht ein, sich mit einer genauen Prüfung des Inhalts der Schriften zu befassen, wenn die Form gewahrt ist, d. h. die Unterschrift eines Rechtsanwalts nicht fehlt. Nur die Klage wird gründlich geprüft, weil das Gesetz dies vorschreibt; das ist aber nur erforderlich, so lange den Parteien gestattet ist, solche ohne sachkundige Controlle anzufertigen. Im übrigen erscheint es zweckmäßig, daß ein Exemplar jedes Schriftsatzes sofort den Gerichtsacten beigefügt wird, mit der Bescheinigung der erfolgten Insinuation.

2) Götze a. a. O. pag. 51, 52.

3) z. B. wenn eine Partei Beweismittel herbeischaffen soll und von der andern Seite keine weiteren Anträge formirt werden.

Unterschied der Sachen. Bedingter Mandatprozeß.

§. 33. Der Rheinische Prozeß macht einen Unterschied in Behandlung der Prozesse nach ihrer Wichtigkeit und Schwierigkeit. Der Regel nach wird in der Audienz die Sache blos von den Parteien, resp. deren Vertretern in Uebereinstimmung mit den Schriftsätzen dem Gericht behufs der Beschlußfassung vorgetragen. Findet das Gericht es erforderlich, so beschließt es die Deliberation, d. h. daß aus seiner Mitte ein Referent zum Vortrage der Sache auf Grund der Acten bestellt werde[1]).

Dem nachgebildet ist das in der Verordnung vom 9. Febr. 1817 (Gesetz-Sammlung pag. 37) für das Großherzogthum Posen vorgeschriebene Verfahren, bei welchem, wenn beim mündlichen Vortrage Seitens der Parteien die Sache nicht zur sofortigen Beschlußnahme geeignet befunden wurde, die weitere schriftliche Instruction nach Vorschrift der allgemeinen Gerichtsordnung verordnet werden konnte, wenn nicht schon von Hause aus auf die Klage die schriftliche Instruction angemessen befunden worden war.

Auch andre Gerichtsordnungen statuiren dergleichen Unterschiede, und bei der Verordnung vom 1. Juni 1833 lag eine ähnliche Rücksicht zum Grunde. Der durch diese Verordnung für die einfacheren Sachen eingeführte summarische Prozeß ist aber jetzt zum ordentlichen Prozeß geworden, durch Zulassung der Replik und Duplik auch für verwickelte Sachen vollkommen geeignet. — Die auch für die einfachen, durch Klage und Klagebeantwortung vollständig vorbereiteten Sachen dem Referenten obliegende Zusammenstellung des Prozeßmaterials ist hierbei eine geringe Bemühung, welche immer den Vortheil gewährt, daß zwei Mitglieder des erkennenden Gerichts — der Referent und der Vorsitzende — den Zusammenhang des streitigen Falles bereits kennen und dadurch in den Stand gesetzt sind, sich zur Findung des Urtheils vorzubereiten[2]). Die Befürchtung, daß dadurch bei ihnen sich leicht ein Vorurtheil bilden und auf die Entscheidung

---

1) Code de proc. Art. 93 ff.

2) Daß die Abfassung des Referats durch einen Richter der französischen Einrichtung, wonach die Advokaten dies miteinander in den sogenannten Qualitäten bewerkstelligen, vorzuziehen sei, darin ist der von Koch in dem allegirten „Entwurf", Seite 106 ausgeführten und belegten Ansicht beizupflichten. Daß aber mit dem Referat auch die schriftlichen Vota zu den Acten genommen werden, wie bei den Gerichten erster Instanz jetzt durchweg geschieht, ist nicht in der Ordnung. Nur das Referat soll zu den Acten kommen nach §. 32 der Instruction v. 24. Juli 1833.

Einfluß üben könne, würde immer eben so zutreffen in dem Falle, wenn wegen Wichtigkeit der Sache ein Referent bestellt worden. Die Richter können nicht umhin, die Ausführungen der Rechts-Anwalte mit Aufmerksamkeit anzuhören und bei Fassung des Beschlusses zu berücksichtigen; dafür bürgt schon die Oeffentlichkeit des Verfahrens. — Es liegt in der menschlichen Natur, daß jeder gern seine eigne Ansicht zur Geltung bringt, und das wird um so mehr der Fall sein, wenn die Pflicht dazu auffordert. Schon der Referent und der Vorsitzende werden oft verschiedener Ansicht sein, und das dritte Mitglied des Collegiums wird sich sein Recht, mitzusprechen, nicht nehmen lassen; ist es aber aus Trägheit oder Schwäche geneigt sich zu fügen, so wird das so wie so geschehen.

Hiernach erscheint der heutige Prozeß bereits in so glücklich geregelter Form, daß zu einer weiteren Modificirung nach Unterschied der Sachen, als solche bereits durch den Mandatprozeß gegeben ist, kein dringendes Bedürfniß vorliegt. — Nur im Betreff einiger der im §. 6 der Verordnung vom 1. Juni 1833 damals für den summarischen Prozeß bestimmten Forderungen ließe sich für den Fall, daß der Gläubiger keine Einwendungen erwartet, die Vereinfachung des Rechtsganges durch einen bedingten Mandatprozeß herbeiführen, etwa in der Weise: daß nach Ablauf der ersten Frist — bis zu welcher durch Einreden die Sache in den ordentlichen Prozeß überginge — ein unbedingtes Mandat mit der im ersten Abschnitte der gedachten Verordnung angegebenen Wirkung erfolgte, so daß die Versäumung der zweiten Frist dem Gläubiger einen executorischen Titel gewähren würde, ohne daß es einer förmlichen richterlichen Entscheidung bedürfte, wie denn auch die Mitwirkung eines Rechtsanwalts erst dann erforderlich wäre, wenn Einreden erhoben sind, indem bis dahin ein Rechtsstreit nicht obwaltet[1]).

---

1) In Stralsund bestand bis zur Einführung der Verordnung vom 21. Juli 1849 behufs Einforderung der Ansprüche der Kaufleute und Handwerker ein sehr einfaches Verfahren. Die Originalrechnung wurde auf Veranlassung des Gläubigers dem Schuldner durch den Gerichtsboten vorgelegt und daß dies geschehen, darauf vermerkt. Hatte der Schuldner etwas dagegen einzuwenden, so war es seine Sache, den Gläubiger zum Gerichtstage laden zu lassen. Geschah dies nicht, so gewährte die dritte vergebliche Monitur dem Gläubiger den Anspruch auf Exekution. Das Gericht wurde damit nicht behelligt; der Secretär desselben registrirte blos die Monituren, und es existirte kein Blatt weiter über den ganzen Hergang, als die Rechnung mit den unter derselben beurkundeten Mahnungen.

Der Gläubiger hätte deshalb auch keine förmliche Klage mit Beweisantretung u. s. w., sondern nur die Bitte um einen Zahlungsbefehl anzubringen. — Die Exceptionsschrift des Schuldners wäre durch einen Rechtsanwalt zu verfassen, eben so die nothwendige Replik, welche die sonst in die Klage gehörige Begründung des Anspruches, soweit die Einreden dies erfordern, zu enthalten hätte.

Im Falle der Gläubiger Einwendungen voraus sieht, thut er hiernach am besten, gleich eine ordentliche Klage anzustellen, es würde also dies seiner freien Wahl zu überlassen sein. Gewiß würde in vielen Fällen — z. B. wo es nur auf Abwendung der Verjährung ankommt — die minder kostspielige Bitte um einen Zahlungsbefehl vorgezogen werden. Sie geht nicht, wie die förmliche Klage, davon aus, daß der Anspruch bestritten sei oder doch bestritten werden könnte, und fordert daher auch nicht so wie diese den Gegner zum Streite heraus.

Die Berechtigung eines solchen auch im gemeinen Prozeß vorkommenden bedingten Mandatprozesses beruht auf der Annahme:

> daß die Unterlassung eines Widerspruches von Seiten des Schuldners dem formell beglaubigten Schuldbekenntnisse, welches den unbedingten Mandatprozeß gewährt, gleichgestellt werden kann,

und es darf hiebei nur auf den heutigen Bagatellprozeß hingewiesen werden, in welchem die Unterlassung des Widerspruches einer förmlichen Verurtheilung gleichsteht.

Die Aussonderung nichtstreitiger Angelegenheiten von dem ordentlichen Rechtsgange ist ohne Zweifel ein Vortheil sowohl für das Publikum als für die Gerichte.

§. 34. Da Niemand ungehört verurtheilt werden darf, so kann die Ladung nur von rechtlicher Wirkung sein, Die Ladung.

> wenn sie zur Kenntniß des Geladenen gekommen ist,

und es muß dies vor allen Dingen gelten von der ersten Ladung des Beklagten, wodurch derselbe von dem Angriff des Klägers in Kenntniß gesetzt wird. Darüber muß der Richter unumstößliche Gewißheit haben, wenn es darauf ankommt, aus der Nichtbefolgung gegen den Geladenen Folgerungen abzuleiten; diese Gewißheit zu gewähren, ist an sich Sache des Klägers.

In neuerer Zeit ist es überall üblich geworden, die Ladung durch einen vom Gericht bestellten vereideten Boten bewirken zu lassen, es auch für genügend anzunehmen, wenn der die Ladung enthaltende gerichtliche Befehl in Abwesenheit des zu Ladenden an einen verständigen Angehörigen oder eine andere sichere Person, von der man mit einiger Zuverlässigkeit auf die richtige Beförderung rechnen kann, behändigt ist.

Die Gerichtsordnung gestattet zwar noch, dem Kläger, — wenn er sich dazu erbietet — die Insinuation der Ladung und Beschaffung der Bescheinigung zu überlassen, — I, 7, §. 19 — es wird indessen davon kein Gebrauch gemacht. Sie empfiehlt ferner: „einfältigen und gemeinen Leuten, die keine Kenntniß und Erfahrung in Geschäften haben," die Ladung durch eine Gerichtsperson oder durch die Ortsobrigkeit insinuiren, und sie zugleich über ihre Bedeutung belehren zu lassen. — §. 24, 25. — Diese blos anheimgegebene Maßregel mag wohl niemals in Gebrauch gekommen sein. — Die regelmäßige Ladung ist also die durch den vom Gericht damit beauftragten vereideten Boten, dessen Bescheinigung vollen Glauben hat. — §. 20, 21. — Ist in Abwesenheit des Adressaten kein Angehöriger desselben vorhanden, dem die Behändigung anvertraut werden könnte, und will auch der Hauswirth sich damit nicht befassen, so soll der Ladungsbefehl an die Stuben= oder Hausthür befestigt werden.

Die zuletzt gedachte Art der Insinuation mag nicht ganz neu, sondern schon früher hier und da üblich gewesen sein, wo noch die dreimalige Ladung für erforderlich erachtet wurde. Daß dieselbe, — zumal bei den gesteigerten Verkehrsverhältnissen und in volkreichen Städten — sehr bedenklich ist, liegt auf der Hand; niemand bewahrt das außen an die verschlossene Thür geheftete wichtige Papier; ein boshafter Nachbar, ein muthwilliger Knabe kann es ungefährdet beseitigen. Es wurde deshalb früher ziemlich allgemein bei den Gerichten angenommen, daß das Anheften an die Thür keine solche Gewißheit dafür gewähre, daß die Ladung zur Kenntniß des Geladenen gekommen sei, um bei der **ersten** Ladung des Beklagten zu genügen. Das Justizministerium billigte diese Ansicht in einem Rescripte vom 20. Juni 1825, indem es unter Hinweisung auf §. 36 des angezogenen Titels dafür erachtete, daß diese an sich unsichre Art der Ladung gerechtfertigt sei gegen Parteien, die im Laufe des bereits anhängigen Prozesses aus Muthwillen oder Leichtsinn es unterlassen, für den Fall ihrer Abwesenheit Vorkehrung zu treffen, aber nicht gegen den, welcher von einer gegen ihn erhobenen Klage noch gar keine Kunde hat, bei dem also von einer Nachlässigkeit oder Verschuldung nicht die Rede sein kann.

Diese Verfügung gehört der Zeit an, wo zwar die Nothwendigkeit einer Reform der Rechtspflege bereits in ernstliche Erwägung genommen wurde, der milde Geist der Gerichtsordnung aber noch die ganze Justizverwaltung durchwehte und zur schonenden Rücksichtnahme auf die concreten Verhältnisse Anlaß gab.

In dem fortgesetzten Kampfe zwischen alten und neuen Grundsätzen führte jedoch das gleichzeitige Bestreben, mit Nachdruck auf die rasche Erledigung der Prozesse hinzuwirken und jedes dem entgegenstehende Hinderniß zu beseitigen, leicht zu anderen, jenem milden Geiste nicht entsprechenden Resultaten. Dies bethätigte sich in vorgedachter Beziehung durch die Kabinetsordre vom 27. April 1842 [1]), welche die betreffende Prozeßvorschrift dahin authentisch interpretirte:

> daß eine nach Vorschrift der §§. 20 und 21 bewirkte Ladung in allen Fällen, insbesondre auch wenn es die erste ist, als genügend angesehen werden soll, mag der Vorgeladene nur augenblicklich seine Wohnung verlassen haben, oder sich auch vom Orte seines Wohnsitzes, insbesondre auf Reisen, abwesend befinden.

Daß diese Interpretation dem Buchstaben des Gesetzes entspricht, kann nicht bestritten werden; auch hatte sich das Justiz-Ministerium bereits in einem Rescript vom 24. Juli 1840 [2]) in demselben Sinne geäußert, und dabei zwar erwogen:

> daß aus der Anwendung des Contumacialverfahrens zwar der Nachtheil entstehen könne, daß wider die Abwesenden unbegründete, ja vielleicht ganz betrügliche Ansprüche durch Erkenntniß festgestellt werden;

dieses Bedenken jedoch beseitigt durch folgende Gründe:

1) solche — nicht ganz vermeidliche Fälle würden selten vorkommen; —
2) der Schade treffe den Abwesenden nicht unverschuldet; jeder gute Hausvater und ordentliche Geschäftsmann, welcher sich auf längere Zeit von Hause entferne, müsse Vorkehrung treffen, damit eine in gesetzlicher Weise insinuirte Vorladung zeitig genug in seine oder seines Bevollmächtigten Hände gelange; —

---

1) Justizministerialblatt pro 1842, pag. 196.
2) Justizministerialblatt pro 1840, pag. 271.

3) es würde zu einem viel größeren und ganz unverschuldeten Nachtheile für die Gläubiger führen, wenn durch Ausschließung des Contumacialverfahrens gegen Abwesende es ränkevollen Schuldnern möglich gemacht würde, durch temporäre Entfernung von ihrem Wohnorte die Rechtsverfolgung gegen sie zu erschweren oder ganz zu vereiteln. —

Was den ersten Grund betrifft, so ist es Thatsache, daß in Berlin besonders, eine Menge von Ladungen täglich durch Anheften an die verschlossene Thür insinuirt werden, denn es giebt eine Menge Leute, die durch Beruf und Geschäfte oder durch andere Gründe veranlaßt sind, besonders an den Wochentagen, wo die Insinuationen bewirkt werden sollen, von ihrer Wohnung abwesend zu sein. Daneben ist für den vielbeschäftigten Boten diese legale Art der Insinuation die bequemste Weise, seiner Pflicht zu genügen. — Es ist nicht zu bezweifeln, daß in sehr vielen dieser Fälle die Ladung nicht befolgt wird und deshalb ein Contumacialbescheid gegen den Geladenen ergeht, — oder er ohne weiteres, wenn es sich um ein Bagatellobject handelt, als verurtheilt betrachtet wird, sowie daß in vielen Fällen diese Verurtheilung in die Rechtskraft übergeht. Gewiß ist es aber, daß wenn dies einmal eingetreten ist, es kein Mittel dem abzuhelfen, giebt.

Nun kann zugegeben werden, daß in vielen, ja in den meisten Fällen der Art der Geladene von der Ladung zeitig genug Kenntniß erlangt hat, um zu seiner Vertheidigung Gelegenheit zu haben, und daß er diese Gelegenheit nur deshalb nicht benutzt hat, weil er gegen den Anspruch nichts einwenden konnte oder wollte. Allein das unterliegt keinem Zweifel, daß auch öfters die Ladung nicht in die richtigen Hände kommt, und daß gar nicht selten eine Verurtheilung erfolgt, von welcher der Verurtheilte erst etwas erfährt, wenn es zu spät ist, um sich dagegen zu wehren. Es wird auch in manchen dieser minder häufigen Fälle mit dem Anspruche seine Richtigkeit haben; eben so ist zur Ehre der Menschheit anzunehmen, daß ein gradezu betrüglicher Anspruch nicht oft auf diese Weise der richterlichen Kritik entzogen wird, — obwohl es kein Wunder wäre, wenn die Spekulation diese leichte Art des Erwerbes auszubeuten suchte; — allein sicherlich hätte öfters der Beklagte wohlbegründete Einwendungen vorzubringen gehabt und der Klage mit Erfolg widersprechen können.

Wie oft in solcher Weise in der That materielles Unrecht in formelles Recht verkehrt wird, läßt sich nicht ermitteln; jede Klage darüber muß vor dem Gesetz verstummen. Seien solche Fälle aber auch selten, so ist dies doch nur ein sehr leidiger Trost für denjenigen, der davon betroffen wird.

Die Unhaltbarkeit des zweiten Grundes ergiebt sich schon aus der Herbeiziehung des §. 15 des Tit. 27 vom Wechselprozeß. Daß ein Geschäftsmann für die Dauer seiner Abwesenheit Vorkehrungen zu treffen hat, versteht sich von selbst; wenn aber ein Privatmann, der nie einen Prozeß gehabt hat und in keinerlei Verkehrsverhältnissen steht, keiner Schuld sich bewußt, eine Reise unternimmt, so ist nicht abzusehen, wie er dazu kommen sollte, auf die ihm sehr fern liegende Möglichkeit hin, daß Jemand den Einfall haben könnte, ihn zu verklagen, besondre Vorkehrung zu treffen. Da kann von einer Verschuldung gar nicht die Rede sein. ad 2.

Der dritte Grund ist derselbe, welcher bei Erlaß der oben §. 18 erwähnten Verordnung vom 30. December 1798, die Abschaffung der Restitution betreffend, als maßgebend ausdrücklich bezeichnet worden, die Annahme nämlich, daß wer der Ladung nicht folgt, regelmäßig als böser Schuldner zu betrachten sei. — Die Unzulässigkeit dieser Annahme ist dort späterhin anerkannt worden, — auch hier wird man bei näherer Erwägung solche anzuerkennen nicht umhin können. Jene Verordnung ging wenigstens doch davon aus, daß der Beklagte von der Ladung Kenntniß erlangt hatte, indem dies im Allgemeinen sich bei der Ladung von selbst versteht; hier soll er schon deshalb, weil er nicht zu Hause getroffen wird, ein ränkevoller Schuldner sein. — ad 3.

Das Gesetz sowenig als der Richter darf für oder gegen eine Partei präsumiren, daß Recht oder Unrecht auf ihrer Seite sei. Nichts darf ihre Gleichheit vor dem Richter beeinträchtigen. Der Beklagte hat ganz dasselbe Recht gehört zu werden, als der Kläger. — Eine Gesetzgebung, welche die Heiligkeit und Unverletzlichkeit dieses Satzes verkennt, entspricht nicht der Idee des Rechts.

Freilich hat der Beklagte die Pflicht, der Ladung zu folgen, und der Kläger hat das Recht darauf, daß jener dieser Pflicht genüge; dieser Gedanke liegt auch offenbar der angezogenen Verordnung von 1798 wie der Kabinetsordre von 1842 zu Grunde. Allein es darf nicht unerwogen bleiben, daß der

Beklagte sich hiedurch sofort in eine nachtheiligere Stellung gesetzt sieht, als der Kläger. Denn während dieser nach seinem freien Belieben von dem Rechte zu klagen Gebrauch macht, wird der Beklagte genöthigt, sich auf die vielleicht völlig unbegründete Klage zu äußern. Hierin findet der Schutz, den das gemeine Recht dem Beklagten angedeihen läßt, wenn er sich nicht vertheidigt, seine Berechtigung.

Eine Pflicht kann aber derjenige nicht verletzen, dem sie gar nicht bekannt geworden ist. In der Regel kann der Beklagte die Zeit, wo auf Antrag eines Klägers ihm die Ladung behändigt werden soll, gar nicht voraus wissen, es ist also kein vernünftiger Grund vorhanden, aus seiner Abwesenheit ohne weiteres zu schließen, daß er sich geflissentlich der Ladung entziehe. Soll also behufs einer weiteren Maßregel zum Nachtheil des Beklagten angenommen werden, er latitire, um der Ladung zu entgehen, so liegt grundsätzlich dem Kläger ob, dies dem Richter nachzuweisen, eben so wie der Nachweis der Ladung seine Sache ist.

Es liegt auf der Hand, daß der Nachweis des Latitirens in den meisten Fällen sehr schwer zu führen sein möchte; daß auch — zumal bei den heutigen Verkehrsverhältnissen in volkreichen Städten — die Ladung beim besten Willen des Insinuationsbeamten und ohne alle Schuld des Beklagten oft sehr verzögert werden würde, wenn sie durchaus an den Beklagten persönlich behändigt werden müßte, — obwohl das Gelangen an seine Person um so gewisser sein muß, je schwerer die Folgen sind, welche das Gesetz an den Ungehorsam knüpft. Man ist daher in Berücksichtigung dieser Verhältnisse schon einen Schritt weiter gegangen, indem man die Zustellung an die Angehörigen ꝛc. der Zustellung an die Person gleichstellt. Muß anerkannt werden, daß auch dies dem Bedürfniß nicht genügt, so ist jedenfalls dem völlig unsicheren und jedem Zufall preisgegebenen Anheften an die verschlossene Thür die Abgabe der Ladung an die Orts- oder Polizeibehörde — wie die rheinische Prozeßordnung, Art. 68, solche zuläßt — bei Weitem vorzuziehen. Abgesehen davon, daß die Ladung auf diese Weise in sichre Hände kommt, wird solche Behörde am besten in der Lage sein, sie in die rechten Hände gelangen zu lassen, nöthigenfalls authentische Auskunft zu ertheilen[1]),

---

1) Vor einigen Jahren war in Berlin die Citation eines Beklagten und demnächst das Contumacial-Erkenntniß durch Anheften an die verschlossene

ob und warum es nicht geschehen ist, so daß diese Art der Ladung sogar in vielen Fällen mehr Sicherheit gewährt, als die Abgabe an Angehörige oder Nachbarn.

In solcher Weise ist nun dem Recht des Klägers auf die Ladung vollauf genügt, wenn sogar zu seiner Bequemlichkeit und in seinem Interesse von der Gesetzgebung dafür gesorgt ist, daß ohne seine besondre Bemühung auch im Falle der Abwesenheit des Beklagten die Ladung ohne allen Verzug erfolgt. — Da aber in allen Fällen, wo die Ladung nicht an die Person des Beklagten geschieht, die Möglichkeit nahe liegt, daß ihm — sei es durch Nachlässigkeit oder bösen Willen andrer Personen, wogegen das Gericht eine Garantie zu gewähren nicht vermag, sei es durch eine an sich gerechtfertigte längere Abwesenheit, — die Ladung nicht so zeitig bekannt wird, um sich im ordentlichen Wege gegen den Angriff des Klägers vertheidigen zu können, so ist es nothwendig, daß das Gesetz für diesen Fall Vorkehrung treffe, damit auch das Recht des Beklagten auf die Ladung, d. h. darauf, daß dieselbe ihm bekannt werde, unbedingt gewahrt bleibe. Das Gesetz darf nicht den Kläger rücksichtvoll und den Beklagten rücksichtlos, es muß beide gleich behandeln. Das himmelschreiende Unrecht, daß ein Beklagter ungehört verurtheilt werde, darf nicht als möglich und als unabwendbar gesetzlich statuirt werden.

§. 35. Das alte einfache römische Hülfsmittel der Restitution — oben §. 6 — beruht in seinem innersten Grunde auf der Betrachtung, Contumacial-Folgen. A. Vor der Litiscontestation.

> daß das unbedingte Recht der Parteien, von dem Richter gehört zu werden, ihnen nicht verkümmert werden darf, es mithin für eine geordnete Rechtspflege Bedürfniß ist, sie vor dem Verluste dieses Rechts zu schützen.

Allein in der praktischen Anwendung hat dieses Hulfmittel manche Schattenseiten.

Die rheinische Prozeßordnung ertheilt weislich nur dem Friedensrichter — Art. 21 — eine gewisse Restitutionsbefugniß,

---

Thür seiner Wohnung rite insinuirt. Dort fand man beides noch ruhig befestigt, als nach eingetretener Rechtskraft zur Vollstreckung der Execution geschritten werden sollte. Durch die zugezogene Polizeibehörde erfuhr man nun, daß der Beklagte — ein anscheinend nicht unbemittelter Privatmann — sich seit längerer Zeit auf einem entfernten Landgute bei Verwandten aufhalte.

einestheils, weil seine Ladungen stets auf das Erscheinen zu bestimmter Zeit gerichtet sind, wo eine unverschuldete Versäumniß leichter eintreten kann, als wenn es auf Innehaltung einer Frist ankommt, — anderntheils, weil der Friedensrichter gewöhnlich in der Lage sein wird, die Personen und die Verhältnisse der Parteien zu kennen oder doch sich leicht darüber Auskunft zu verschaffen.

Allein im Allgemeinen ist nicht als Regel anzunehmen, daß dem Richter eine authentische Kunde von den obwaltenden Verhältnissen beiwohne oder leicht zugänglich sei. — Soll die Partei, welche Restitution sucht, einen überzeugenden Nachweis führen, daß sie die Versäumniß, deren Folgen sie nach der Strenge des Gesetzes treffen würden, nicht verschulde, so ist solch bündiger Nachweis in vielen Fällen gar nicht möglich; es wird daher immer nur die Glaublichmachung des Hindernisses gefordert, und die Erwägung,

> daß der geringe Zeitverlust des Klägers mit dem Nachtheil des Beklagten, die Versagung des rechtlichen Gehörs zu erleiden, in keinem Verhältniß steht,

wird immer veranlassen, die Restitution so leicht nicht zu versagen, — dem Beklagten lieber zweimal die Gelegenheit zur Vertheidigung zu geben, als gar nicht.

Daß diese richterliche Milde häufig gemißbraucht wurde, kann nicht bezweifelt werden, und die Tendenz der neueren Gesetzgebungen, die richterliche Restitutionsbefugniß möglichst zu beschränken, ist völlig gerechtfertigt, da jede grundlose Restitution ein Unrecht gegen den Kläger ist. Es kann auch nur gebilligt werden, wenn die Verordnung vom 21. Juli 1846, §. 31, im Betreff derjenigen Fälle, für welche die Restitution als unentbehrlich beibehalten wurde, die Bescheinigung nicht nur, sondern auch die Angabe von Hinderungsursachen — als völlig illusorisches Sicherungsmittel — gar nicht weiter erfordert. Die Restitutionsertheilung wird dadurch von jedem Schein der Willkürlichkeit befreit; sie ist gesetzlich geboten.

Das findet nun also insbesondre dann Anwendung, wenn gegen den Contumacialbescheid vom Beklagten Restitution gesucht wird; sie muß ihm ohne weiteres gewährt werden.

Schon bei der oben §. 15 aufgestellten Vergleichung zwischen dem preußischen Contumacial-Bescheid und dem Contumacial-Erkenntniß — **jugement par défaut** — des rheinischen Prozesses ist gezeigt, und die nähere Erwägung kann es nur bestätigen:

> daß der rheinisch-französische Prozeß in der hier fraglichen Beziehung den glücklichsten Ausweg getroffen hat, um die Sicherstellung der Interessen beider Parteien mit einer durchaus prompten Rechtspflege zu verbinden.

Zuvörderst ist es offenbar der Natur der Sache angemessen, daß nicht von Amtswegen in Abwesenheit beider Theile, sondern **auf Antrag** des zur Audienz erscheinenden Klägers gegen den abwesenden Beklagten in contumaciam erkannt wird. Dadurch wird vermieden, — was bei preußischen Gerichtshöfen gar nicht selten vorkommt — daß ein Urtheil erlassen wird, was **Niemand** verlangt, indem inzwischen die Parteien sich verglichen haben, oder Kläger vom Beklagten bereits zufriedengestellt ist, Beklagter also aus dem allerbesten Grunde sich nicht weiter zur Vertheidigung gegen den Anspruch eingefunden hat; — jedenfalls erscheint es geboten und dem Princip der mündlichen und öffentlichen Verhandlung entsprechend, dem Kläger — der ja möglicherweise in contumaciam des Beklagten abgewiesen werden kann — zur Vertheidigung der rechtlichen und factischen Begründung seiner Klage vor dem erkennenden Gericht Gelegenheit zu geben. — Bei uns bedarf allerdings heutzutage das Factum, da es **gesetzlich** als bewiesen gilt, keiner Rechtfertigung, und das ist auch wohl der Grund, weshalb der in dieser Hinsicht maßgebende §. 12 der Verordnung vom 1. Juni 1833 das Vortreten des Klägers überflüssig gefunden hat; indessen wenn auch die rechtliche Begründung bei einer vor Einleitung der Sache schon einer Prüfung unterworfenen Klage selten zu einem Bedenken Anlaß giebt, so sollte doch grundsätzlich der Kläger vor der Entscheidung mit seiner Vertheidigung der Klage gehört werden. — Bei den rheinischen Gerichten versteht sich das von selbst, weil das Gesetz den Richter nicht verpflichtet, unbewiesene Angaben des Klägers für bewiesen anzunehmen. Dem ungeachtet wird dort der Richter — ohne wie in England einen immerhin bedenklichen Eid zu fordern — wenn die Angaben des Klägers ihm glaublich erscheinen, kein Bedenken tragen, seine Entscheidung darauf zu gründen mit Hinsicht darauf, daß ihnen vom Beklagten nicht widersprochen ist. — Der Kläger erhält, nachdem er gehört worden, jedenfalls sofort, und sofern seine Klage begründet befunden ist, ein seinem Antrage entsprechendes Contumacial-Erkenntniß gegen

Beklagten, auch von dem Friedensrichter, dessen Restitutionsbefugniß sich nur auf die Oppositionsfrist bezieht und die Entscheidung nicht aufhalten kann.

Dieses Erkenntniß kann nicht, wie der doch auf bewiesener Wahrheit beruhende preußische Contumacialbescheid, durch einen einseitigen Antrag des Beklagten aus der Welt geschafft werden[1]), sondern der Beklagte ist genöthigt, Opposition einzulegen und dem Kläger gegenüber vor den Schranken des Gerichts die Gründe seines Widerspruches zu entwickeln, welche der Kläger sofort zu widerlegen im Stande ist, um die Verwerfung der Opposition herbeizuführen, gegen welche dann dem Beklagten nur die sonstigen zulässigen Rechtsmittel offen stehen.

Der Beklagte ist dadurch, daß bis zu der ohne persönliche Bekanntwerdung mit dem Erkenntniß unmöglichen Executionsvollstreckung ihm die Opposition freisteht, vor dem Schicksal, ungehört verurtheilt zu sein, vollkommen sicher gestellt. Kann er nachweisen, daß er von der Ladung keine Kenntniß erlangt hat, oder auf andre Weise ohne sein Verschulden an der Folgeleistung behindert worden, so wird dies ohne Zweifel ihm in den Augen des Richters zum Vortheil gereichen; berechtigt aber sein Verhalten zu dem Verdachte, daß er zu der Klasse der bösen Schuldner gehöre, so wird die Opposition nur Erfolg haben, wenn er Erhebliches zur Widerlegung der Klage vorzubringen vermag.

Allerdings macht auch die preußische Prozeßordnung dem Beklagten, welcher die Restitution nachsucht, zur Pflicht, gleichzeitig die Klage zu beantworten. Allein auf den Inhalt der Klagebeantwortung kommt gar nichts an; wenn sie nur formell als solche erscheint, so mag sie im Uebrigen noch so offenbar grund- und bodenlos sein, das kann die Restitutionsertheilung nicht hindern. Hiedurch wird wiederum das schon im §. 125 des Anhanges zur Gerichtsordnung anerkannte Recht des Klägers, darüber gehört zu werden, verletzt[2]).

---

1) Auch durch die Appellation wird der Contumacialbescheid als solcher nach der bestehenden Praxis für erledigt erachtet, und der Kläger ist genöthigt, die vorgetragenen Thatsachen, soweit Beklagter sie bestreitet, zu beweisen, obwohl das erste Erkenntniß auf der gesetzlichen Annahme beruht, sie seien durch Zugeständniß bewiesen. Die Zulassung der Appellation enthält also allemal zugleich eine Restitution und verlegt die Verhandlung aus der ersten in die zweite Instanz.

2) cf. oben §. 19. — Auch Koch will, a. a. O. §. 548, über die Restitution eine Verhandlung zwischen den Parteien.

Wenn der nach Vorstehendem einfach aus dem unveräußerlichen Rechte beider Theile, vor dem Richter volles Gehör zu finden, sich ergebenden Schlußfolge:

> daß der heutige preußische Prozeß in der Contumacialfolge vor der Litiscontestation, deren Anwendung und Erledigung, beiden Parteien auf der einen Seite zu viel, auf der andern Seite zu wenig gewährt,

die Anerkennung nicht wird versagt werden können, so ist es auch unabweisbare Pflicht der Gesetzgebung, dem abzuhelfen.

§. 36. Die Contumacialfolgen nach der Litiscontestation werden in den Verordnungen vom 1. Juni 1833, §. 25, und vom 21. Juli 1846, §. 9 dahin bestimmt: B. Nach der Litiscontestation.

> „Bei der Contumacialverhandlung werden alle streitige, von dem Nichterschienenen angeführte mit Beweismitteln nicht unterstützte Thatsachen für nicht angeführt, so wie alle von dem Ausbleibenden vorzulegende Urkunden als nicht beigebracht erachtet, alle von dem Gegentheil angeführte Thatsachen aber, denen noch nicht ausdrücklich widersprochen worden ist, für zugestanden, imgleichen die von dem Gegner beigebrachten Urkunden für recognoscirt angesehen."

Den in der Verordnung vom 1. Juni 1833 noch hinzugefügten Satz:

> „Eben so wird es gehalten wenn eine erschienene Partei sich auf solche neue Umstände, welche bei der mündlichen Verhandlung noch vorgebracht werden dürfen, nicht einläßt;"

wiederholt die Verordnung von 1846 nicht, ohne Zweifel weil angenommen wurde, er sei in Obigem schon mit enthalten, wenigstens hat die Praxis, soviel bekannt, noch kein Bedenken getragen, ihn anzuwenden; eben sowenig besteht ein Zweifel darüber, daß die Contumacialfolgen auch nach der Litiscontestation ohne ausdrücklichen Antrag des Gegners eintreten, also von Amtswegen angewendet werden müssen.

Es sind dies die nur mehr zusammengefaßten und näher präcisirten Contumacialfolgen der alten Gerichtsordnung. Wenn diese im §. 44, Titel 9, die Folgen des Ungehorsams nach der Einlassung dahin feststellt:

> „daß jede streitige Thatsache, bei deren Erörterung ein solcher Ungehorsam sich äußert, für zugestanden oder nicht

angebracht, so wie es dem Ungehorsamen nachtheilig ist, angesehen werden muß",

so ist mit dem Wörtchen „muß" nicht etwa eine größere Strenge gemeint, indem eben daselbst die Nachholung des Versäumten bis zum Schlusse der Instruction gestattet wird. Jetzt ist mit der Audienz die Sache geschlossen. die Contumacialfolge kommt daher schon deshalb viel häufiger zur Anwendung, als dies unter der Gerichtsordnung der Fall sein konnte.

Da nach den Worten des Gesetzes die Contumacialverhandlung in der Audienz erfolgt, und nirgend vorgeschrieben ist, daß auch schon früher Contumacialfolgen eintreten sollen, so wurde in der Praxis häufig angenommen, daß die in den vorangegangenen Schriftsätzen etwa versäumten Erklärungen in der Audienz nachgeholt werden könnten. Durch mehrere Entscheidungen des Ober-Tribunals ist indessen festgestellt:

daß der Grundsatz der allgemeinen Gerichtsordnung, wornach die Contumacialfolgen bis zum Schlusse der Instanz noch abgewendet werden können, durch die neueren Prozeßgesetze erledigt sei.

Abgesehen davon, daß die prozeßführenden Parteien zu der Forderung berechtigt sind, daß das Gesetz selbst über einen so wichtigen Punkt klare und deutliche Bestimmung treffe, ist die Folgerichtigkeit des vom höchsten Gerichtshofe ausgesprochenen Satzes nicht zu verkennen. Schon der §. 29 der Instruction vom 24. Juli 1833 spricht das Princip der Eventualmaxime aus:

daß jede Prozeßhandlung ein Stadium bildet, in welchem die Parteien ihre Angriff- und Vertheidigungsmittel gleichzeitig vorbringen müssen.

Die gesetzlich angeordnete Präclusion mit versäumten Schriftsätzen hat die mit der Vorschrift des allgem. Landrecht I, 16, §. 383, im Einklange stehende Bedeutung, daß das Versäumte nicht nachgeholt werden darf, und es läßt sich dagegen nichts einwenden, daß, was von der ganzen Prozeßhandlung gilt, auch auf einen Theil derselben Anwendung finden müsse[1]).

---

1) Die Verordnung von 1846, welche den ursprünglich nur für einfachere Sachen eingeführten summarischen Prozeß zum ordentlichen Prozeß machte, gestattete demzufolge nach Bewandniß der Sachen noch eine Replik und Duplik zu erfordern. Manche Gerichte gehen nun in Folge des obigen Princips soweit, auch in dem Falle, wenn auf die Klagebeantwortung sofort die Audienz bestimmt worden, jede neue Erklärung als verspätet zu verwerfen. Das ist ohne Zweifel unrichtig, sofern die neue Erklärung als Replik oder Duplik

Es leuchtet ein, daß bei Versäumung an den Prozeßschriften oder an dem Inhalte derselben die Contumacialfolgen noch verhängnißvoller werden können als durch Versäumung des Audienztermins, durch welche, falls die schriftliche Vorverhandlung vollständig ist, nur die Vertheidigung des Rechtspunktes verloren geht, während im erstgedachten Falle factische Feststellungen davon betroffen werden.

Sodann sind die Contumacialfolgen nicht mehr Strafen des Ungehorsams, wie sie von der Gerichtsordnung dem Richter an die Hand gegeben waren, um völlig verstockte oder unverbesserlich fahrlässige Parteien zur Ordnung anzuhalten, sondern der Gegner der fehlenden Partei hat ein Recht darauf, und der Richter ist nicht im Stande, die daraus hervorgehenden Nachtheile abzuwenden, mögen diese auch noch so beträchtlich sein und mag auch nur ein geringes Versehen oder Unbeholfenheit der Partei zum Grunde liegen, so daß eine Strafe — die ihrem Begriffe nach ein Maaß haben muß — nicht gerechtfertigt wäre. Die Lehre von den Contumacialfolgen ist auf diese Weise ein Stück der gesetzlichen Beweistheorie geworden.

Gewiß kann und soll das Gesetz dem Richter gewisse Regeln an die Hand geben, in welchen Fällen eine Thatsache als bewiesen zu gelten habe, wie dies die noch jetzt maaßgebende Vorschrift der Prozeßordnung Tit. 13, §. 10 thut.

Diese Regeln beruhen aber überall auf den aus wirklich geführten Beweisen sich ergebenden vernünftigen Schlußfolgerungen; sie dienen dazu, das Urtheil des Richters zu unterstützen, ohne es irgend zu beschränken. Ueberall bleibt ihm die volle Freiheit, die Beweise abzuwägen und nach der daraus gewonnenen Ueberzeugung mit Hinsicht auf die gesetzlichen Beweisregeln zu folgern, ob eine Thatsache gewiß, oder in welchem Grade sie wahrscheinlich sei. — Wenn auch z. B. zwei Zeugen vollen Beweis gewähren, so hat der Richter doch immer noch zu erwägen und festzustellen:

ob die Zeugen völlig glaubwürdig sind,

abgefaßt werden kann. — Aufmerksame Rechts-Anwalte reichen zwar wohl noch zeitig eine Schrift ein und beantragen die Aussetzung der Audienz, allein sie laufen Gefahr, von einem pedantischen Richter damit zurückgewiesen zu werden — weil das Gesetz ausdrücklich dem Gericht anheimstellt, ob noch eine Replik oder Duplik zu gestatten sei. Von der richterlichen Willkür darf aber die Freiheit der Parteien in Wahrnehmung ihrer Gerechtsame nicht eingeengt werden. cf. §. 32.

ob sie von derselben Thatsache sprechen,
ob sie solche aus eigner Wissenschaft und
mit völliger Zuverlässigkeit bekunden.

Keine Partei hat das Recht zu fordern, daß der Richter ihr ohne Beweis glaube, mag der Gegner anwesend sein und sich geäußert haben oder nicht. Sie mag die Contumacialfolge beantragen; sie anzuwenden, ist Sache des urtheilenden Richters.

Eine Thatsache unter gewissen Voraussetzungen für wahr zu halten, dazu kann das Gesetz den Richter ermächtigen aber nicht zwingen. Ein solcher Zwang beeinträchtigt die Stellung des Richters, der nur nach eigner voller und freier Ueberzeugung urtheilen darf.

Hiernach würde es völlig genügen, statt des „Muß", welchem das Urtheil des Richters jetzt unterliegt, ein „Kann" zu setzen, um ihm die gebührende Freiheit des Urtheils wieder zu geben, zugleich aber auch ihm nicht das Urtheilen bei dem Urtheil zu erlassen.

Daß die bloße Ermächtigung in den meisten Fällen genügen wird, um die Contumacialfolgen ins Leben treten zu lassen, unterliegt keinem Zweifel; die Gerichte werden immer die Tendenz haben, die Sache sobald als dies zulässig erscheint, durch definitive Entscheidung zu Ende zu führen, nicht blos weil dies zu ihrer eignen Erleichterung gereicht, sondern aus der berechtigten Rücksicht, daß der Partei, die ihren Prozeßpflichten genügt, in möglichst kurzer Zeit zu ihrem Rechte verholfen werden soll. Trägt aber ein Gericht nach Bewandniß der vorliegenden Sache Bedenken, die betreffende Thatsache für wahr zu halten, und findet es sich dadurch bewogen, eine Beweiserhebung anzuordnen, so hat der Beweisführer kein Recht sich darüber zu beklagen, daß der Richter nach Pflicht und Gewissen handelt. Das prozeßwidrige Verhalten des Gegners kann bei Erwägung des Resultates der Beweisaufnahme immer noch zu Gunsten des Beweisführers ins Gewicht fallen. Der Aufschub, den in solcher Weise in vereinzelten Fällen die definitive Entscheidung erleiden mag, ist keine Verzögerung des Prozesses, der sich vielmehr ganz in der regelmäßigen Ordnung bewegt, und kann um so weniger in Betracht kommen, wo es darauf ankommt, daß nach der Wahrheit Recht gesprochen werden soll.

Um die Frage nach der Zulässigkeit, Nothwendigkeit und

Zweckmäßigkeit der verordneten Contumacialfolgen vollständig zu erwägen, wird es erforderlich, dieselben einzeln näher in Betracht zu ziehen.

a. Das vorstehend im allgemeinen Gesagte findet volle Anwendung auf die hauptsächlichste und am tiefsten einschneidende Contumacialfolge: a. Das fingirte Zugeständniß.

daß alle von dem Gegner angeführte Thatsachen, denen noch nicht ausdrücklich widersprochen worden, für zugestanden angesehen werden.

Es ist dies dieselbe Folge, welche vor der Litiscontestation den ungehorsamen Beklagten trifft, und welche in diesem Falle zwar, wie oben ausgeführt worden, principiell zu weit geht, indem sie ein Zugeständniß fingirt, welches nicht vorliegt, aber nur denselben Erfolg hat, als wenn dem Kläger deshalb geglaubt wird, weil der Beklagte ihm nicht widerspricht.

Aehnlich verhält es sich auch hier. Es könnte scheinen, als handelte es sich nur um Worte, aber Worte eines Gesetzes können und sollen nicht ohne Bedeutung sein. Darf der Richter, indem er aus dem ihm vorliegenden Prozeßmaterial sein Urtheil schöpft, eine Thatsache deshalb, weil ihr nicht widersprochen ist, für wahr annehmen, wozu bedarf es dann der Fiction eines Zugeständnisses?

Diese Contumacialfolge ist aber, verglichen mit der Gerichtsordnung, wesentlich verschärft durch das Wort: „ausdrücklich".

Wenn hiernach der Richter bei Sichtung des Prozeßmaterials findet, daß es im Betreff einer oder der andern Thatsache an einer klaren und bündigen Aeußerung fehlt, so darf er, strenge genommen, nicht einmal erwägen, ob nach der aus der Totalität der Auslassung sich ergebenden Intention anzunehmen sei, die Thatsache habe zugegeben oder bestritten werden sollen — die Intention des Bestreitens müßte denn ganz offenbar sein, und dann ist eben kein Zweifel vorhanden — das Gesetz überhebt ihn jedes Bedenkens über diesen Punkt. Er darf in solchem Falle auch nicht etwa noch in der Audienz eine Frage stellen, denn der Gegner hat aus der bereits eingetretenen Contumacialfolge ein Recht darauf erworben, daß die Thatsache als zugestanden gelte.

Dieses Recht des Gegners ist ein Unrecht.

Dem Richter gebührt es, nach den Grundsätzen vernünftiger Schlußfolgerung zu beurtheilen, ob in dem concreten Falle eine Thatsache unbestritten sei und ohne Beweis als wahr angesehen werden könne — probatio fit judici, non reo; — ebenso gehört zur richterlichen Befugniß die bestimmt gestellte Frage an die Partei sowohl in dem Falle, wo ihre Aeußerung unklar ist, als auch in dem Falle, wo der Verdacht vorliegt, die Partei halte geflissentlich mit der Wahrheit zurück. In dieser Beziehung darf auch der Gegner die richterliche Frage, und zwar an die Partei persönlich, beantragen[1]). Erfolgt auf diese Frage keine genügende Antwort, oder erscheint der ausdrücklich deshalb Geladene nicht, dann — und nur dann — ist die Contumacialfolge als solche begriffsmäßig gerechtfertigt:

die Thatsache kann nun als zugestanden gelten.

Das jetzt in Anwendung kommende strenge Contumacialprincip findet — wie schon oben bemerkt — seine anscheinende Rechtfertigung in der zur Geltung gekommenen Eventualmaxime; die Angriff- und Vertheidigungsmittel sollen in gehöriger Ordnung vorgebracht werden. Nun liegt in dem Bestreiten allerdings auch eine Vertheidigung; dennoch gehört es im richtigen Verständniß der Eventualmaxime nicht zu den davon betroffenen Angriff- und Vertheidigungs-Mitteln, nämlich neuem Prozeßmaterial. Durch das Bestreiten kommt nichts Neues in den Rechtsgang; es ist ein bloßer Protest dagegen, daß dem Gegner ohne Beweis geglaubt werde. Und da der Gegner auf den unbedingten Glauben des Richters an seine Behauptungen keinen Anspruch hat, die Beweisfrage aber erst in der Audienz ihre Erledigung findet, so ist auch hier noch die rechte Zeit zu solchem Protest, und eben so ist für den Richter erst hier der Zeitpunkt gekommen, wo er im Falle eines Zweifels über die wahre Intention der Parteien sich durch Fragen Gewißheit zu verschaffen Gelegenheit hat[2]), — wenn schon solche Frage zu dem nobile officium gehört.

---

1) Code de proc. Tit. 15.

2) Wer in erster Instanz jetzt von dieser Contumacialfolge hart getroffen wird, kann das Versäumte noch bei der Appellation nachholen. Allein in der zweiten Instanz kann die Sache verhängnißvoll werden. Nur Ein Beispiel:

b. Obwohl nicht unter den obigen Contumacialfolgen aufgeführt, steht doch mit dem fingirten Zugeständniß auf gleicher Linie, die in der Praxis als feststehend angenommene Folgerung: b. Versäumte Erklärung über den deferirten Eid.

Eine Thatsache gilt als zugestanden, wenn die Erklärung über den deshalb de- oder referirten Eid versäumt ist.

Ob daneben die Thatsache ausdrücklich bestritten worden, ist gleichgültig.

Die Argumentation ist auch hier aus der Eventualmaxime hergenommen. Consequenterweise dürfte also die fehlende Erklärung nicht nachgeholt werden. Von zurückgeschobenen Eiden gilt das auch wohl allgemein, weil schon die Gerichtsordnung — I, 10, §. 296 — dazu keine Bedenkfrist gestattet, wie es denn in der Natur der Sache liegt, daß wer unter Eidesdelation eine Behauptung aufstellt, die Wahrheit derselben zu bekräftigen bereit sein muß. Rücksichtlich der deferirten Eide ist die Praxis noch nicht ganz festgestellt, doch neigen die Gerichte sich mehrentheils zu der milderen Ansicht, daß, wenn die Thatsache nur zu rechter Zeit bestritten worden, die Erklärung über den Eid als zur Beweisfrage gehörig, noch in der Audienz abgegeben werden könne. In keinem Falle hält man es aber für nöthig, der betreffenden Partei eine Erklärung über den Eid abzufordern, — das wäre ja wieder eine Bevormundung, — ja viele Richter halten dies sogar für unzulässig in dem Glauben an das Recht des Gegners auf das Eintreten der Contumacialfolge, welches ihm in keiner Weise verkümmert werden dürfe! —

Manche Gerichte gingen in ihrem Eifer, durch Anwendung der Contumacialfolge den Knoten der Beweisfrage zu durchhauen und so den Prozeß abzukürzen, so weit, auch die unterlassene Erklärung über eine eventuelle Eides-

---

Der in contumaciam verurtheilte Beklagte bringt in appellatorio eine zur Erledigung der Klage geeignete auf Thatsachen gestützte Einrede vor. Der Kläger, im Irrthum über den Tag der Zustellung, verspätet sich mit der Appellationsbeantwortung um Einen Tag. Er verliert dadurch nicht nur das darin enthaltene neue Vorbringen, — was schon nachtheilig genug sein kann, — sondern auch die vielleicht ganz frivole Einrede des Gegners darf in der Audienz nicht mehr von ihm bestritten werden. Sein Anspruch ist unwiederbringlich verloren. —

zuschiebung als Eidesverweigerung zu bestrafen; erst in neuerer Zeit ist hiergegen vom Obertribunal festgestellt,

daß, wenn principaliter andrer Beweis angetreten worden, nicht nur der Ausfall desselben abgewartet werden könne, sondern auch das Gericht den Parteien — falls es nach diesem Ausfall auf den eventuell deferirten Eid ankommen sollte, — dies ausdrücklich zu erkennen zu geben habe.

Das ist ein anerkennenswerther Schritt zum Einlenken in die richtige Bahn.

Allein das ganze Eingangs gedachte Princip hat weder einen rechtlichen noch einen gesetzlichen Grund und Boden.

Nach der Gerichtsordnung Tit. 10, §. 295 soll die Erklärung über einen deferirten Eid abgegeben werden in dem Termine selbst:

„wenn nach regulirtem Statu controversiae die vorhandenen Beweismittel mit den Parteien durchgegangen werden."

Wenn in diesem Termine, wobei der richterliche Deputirte über jeden einzelnen Punkt umständlich verhandelt, derjenige, welcher den Eid schwören soll, eine Erklärung darüber abzugeben verweigert, so soll er, nach §. 297 daselbst, pro jurare nolente erachtet, und die streitige Thatsache kann demnächst bei der definitiven Entscheidung — nach Tit. 13, §. 10, Nr. 8 — für wahr angenommen werden.

Diese Vorschriften der Gerichtsordnung sind nirgend aufgehoben oder abgeändert, sie bestehen noch heute als maaßgebendes Gesetz.

Die der heutigen Praxis zu Grunde liegende Argumentation:

sowie der Richter vermöge der ins Leben getretenen Verhandlungs- und Eventualmaxime überhaupt von der Pflicht befreit sei, auf die Auslassungen der Parteien einen leitenden Einfluß zu üben, so habe er auch in dieser Beziehung — zumal ein Termin im Sinne des §. 295 nicht mehr stattfinde — keine Frage an die Partei zu richten, sondern es bleibe ihr überlassen, ob und wie sie sich erklären wolle; schweige sie nun über einen deferirten Eid, so könne nur — wie bei jedem andern Punkt —

angenommen werden, sie wolle sich darüber nicht erklären; —

beruht eben so wie bei dem fingirten Zugeständniß auf unzulässiger Erweiterung der Eventualmaxime, welche sich nur auf das Vorbringen des Prozeßmaterials bezieht. Ein Eid ist keine Thatsache, sondern ein Beweismittel, und verändert diese seine Natur dadurch nicht, daß nach unsrer Prozeßordnung die Beweisantretung schon im Laufe der Verhandlung geschehen soll. Die Erklärung über einen Eid kann schon im Laufe des Schriftwechsels erfolgen, eben so wie dies früher im Laufe der Instruction vor dem Status contr. geschehen konnte; nothwendig ist sie erst in dem Stadium des Prozesses, wo die Beweisfrage zu erörtern ist. Das ist jetzt der Termin zur mündlichen Verhandlung, der zugleich die Stelle des früheren Termines zur Erklärung auf den vorher abschriftlich mitgetheilten Status controversiae vertritt, und den Vorzug hat, daß das erkennende Gericht selbst die Parteien hört, und im Stande ist, wo es ihm zur Aufklärung der Sache diensam scheint, Fragen zu stellen. Das ist als nobile officium allerdings keine eigentliche Pflicht, sondern nur ein Recht des Richters, wovon — zumal bei der Verhandlung mit Rechtsanwalten — kein überflüssiger Gebrauch zu machen ist.

Die Frage nach einem Eide geht aber keinesweges aus diesem allgemeinen Fragerecht hervor, sondern sie gehört wesentlich zur Beweisführung. Dem Gegner ist genug geschehen, wenn seine Behauptung bestritten worden; über den behufs der Beweisführung gestellten Eidesantrag hat derjenige, dem der Eid angetragen wird, nothwendig dem Richter, dem der Beweis geführt werden soll und der über die Art und Weise, wie dies zu geschehen hat, beschließt, seine bestimmte Erklärung zu geben. Hat der Richter diese Erklärung nicht ausdrücklich gefordert, so kann sie auch nicht als verweigert angesehen werden.

Allerdings wird die Erklärung nicht blos dann für verweigert anzusehen sein, wenn die betreffende Partei ausdrücklich sagt, sie wolle sich nicht erklären, sondern auch, wenn sie beharrlich schweigt, vorausgesetzt, daß die Frage von ihr verstanden worden. Hierüber mußte bei dem Verfahren der Gerichtsordnung das nach dem angezogenen §. 295 abzuhaltende Protokoll genaue Auskunft enthalten. Fand demnächst das erkennende Gericht es nach Inhalt dieses Protokolls irgend zweifelhaft, ob der Deputirte es an der ihm nach §. 2, Tit. 10, allgemein zur Pflicht gemachten

„unermüdeten Sorgfalt, Aufmerksamkeit und Geduld"

habe fehlen lassen bei einer so wichtigen Gelegenheit, so konnte es — nach Tit. 13, §§. 3 u. 4 — nicht umhin, die nochmalige Befragung der Partei durch ein Resolut anzuordnen. — Diese Umständlichkeit fällt jetzt bei der mündlichen Verhandlung vor dem erkennenden Gericht von selbst hinweg. Die Annahme einer Verweigerung aber auch in dem Falle, wo ohne vorhergegangene Frage die Erklärung über den Eid — neben dem ausdrücklichen Bestreiten der Thatsache — aus Unbeholfenheit oder Versehen unterblieben ist, kann auf keine Weise gerechtfertigt werden; sie ist gradehin gegen das klare positive Gesetz.

c. Beweislose Behauptungen.

c. Es sollen ferner:

alle von dem Nichterschienenen angeführte, mit Beweismitteln nicht unterstützte Thatsachen für nicht angeführt erachtet werden.

Diese Anordnung ist völlig überflüssig; es ist das keine besondre Contumacialfolge, sondern es folgt von selbst aus den allgemeinen Prozeßgrundsätzen, daß eine bestrittene oder doch für bestritten zu erachtende Thatsache, wenn kein Beweis dafür beigebracht ist, vom Richter nicht berücksichtigt werden kann.

Ganz eben so verhält es sich mit der

d. im Betreff der Urkunden.

d. Drohung:

alle von dem Ausbleibenden vorzulegende Urkunden sollen als nicht beigebracht erachtet werden;

was nicht producirt ist, das ist nicht producirt. Von Wichtigkeit dagegen ist,

daß die vom Gegner producirten Urkunden für recognoscirt angesehen werden.

Gegen diese Contumacialfolge kann nichts eingewendet werden. Vorauszusetzen ist nur dabei, daß auf die Urkunden schon früher Bezug genommen ist, so daß ihre Vorlegung im Audienztermine geschehen mußte und dies der ausbleibenden Partei bekannt war.

Erwägt man, daß in der Regel die Beweiskraft einer Urkunde für den ganzen Prozeß von tief eingreifender Bedeutung ist, so erscheint es wünschenswerth, die Feststellung dieses Punktes, von welchem die ganze weitere Streitführung bedingt wird, vor der Audienz zu ermöglichen, und wenigstens Gelegenheit zu geben, daß solche schon im Laufe der vorbereitenden Verhandlung erfolgen könne. In dieser Beziehung empfiehlt sich die Bestimmung der rheinischen Prozeßordnung Art. 193 ff., wornach dem Producenten freisteht, seinen Gegner — dessen persönliches Auftreten hierbei unumgänglich nothwendig ist — behufs Anerkennung der Urkunden besonders laden zu lassen.

Die hiermit geforderte Zurückführung der Contumacialfolgen auf das oben §. 3 angegebene Maaß, dergestalt, daß

1) die Freiheit der Parteien nicht mehr als nöthig beschränkt werde,
2) daß ihre Anwendung in der Natur der Sache begründet sei und dem Zweck entspreche, aber auch
3) nicht weiter gehe, als der Zweck erfordert,

findet nach Obigem in der Pflicht des Richters, die Parteien gleichmäßig zu hören, und in dem gleichen Recht beider Parteien, vom Richter gehört zu werden, ihre vollkommene Berechtigung[1]). Nur so kommt der Rechtsgang wieder in Uebereinstimmung mit den Grundsätzen des Rechts und vernünftiger Billigkeit, ohne welche es ihm an der den guten Erfolg bedingenden Festigkeit und Sicherheit fehlt.

Manche sind zwar wohl der Meinung, grade die energische Durchführung der Contumacialfolgen in ihrer jetzigen Strenge gebe dem Prozesse größere Festigkeit, gereiche zur Beschleunigung des Verfahrens und sei zu dem Ende nothwendig, jedenfalls zweckmäßig. — Abgesehen davon, daß die Zweckmäßigkeit eine ungerechte Maßregel niemals rechtfertigen kann, ist das auch ein großer Irrthum. Nicht die aus der alten Gerichtsordnung

1) „Nirgend ist es nöthiger als in der Prozeßtheorie, daß von einfachen Fundamentalsätzen ausgegangen und deren consequente Durchführung gefördert oder doch nicht behindert werde. Wo das ist, da findet sich der Jurist und Richter auf sicherm Boden; da entwickelt sich das Detail der Theorie dem einfachen, nicht irregeleiteten Sinn von selbst." Götze a. a. O. pag. 24.

beibehaltenen Contumacialfolgen sind es, was eine prompte Rechtspflege herbeiführt, sondern die gesetzlich bestimmte Ordnung des Rechtsganges nach der Verhandlungs- und Eventualmaxime. — Beweiserhebung über Punkte, die dem Richter zweifelhaft sind, kann — wie schon bemerkt, — niemals als Verzögerung der Sache gelten. Erspart wird sie auch jetzt durch die Contumacialfolge nur sehr selten, denn wenn es auch oft vorkommt, daß in erster Instanz vermöge der Anwendung irgend einer Contumacialfolge unter Aussetzung der Beweisaufnahme [1]) sofort definitiv erkannt wird, so hat das regelmäßig nur den Erfolg, daß das Versäumte in zweiter Instanz nachgeholt, und nun von dem Appellationsrichter die erforderliche Beweiserhebung verordnet wird, so daß zwar wohl die erste Instanz, aber nicht der Prozeß im Ganzen, schneller zu Ende kommt. Es gewährt das also in der That nicht den Vortheil der schnelleren Erledigung der Sache, wohl aber liegt schon in der Hinausschiebung der Beweisaufnahme ein Nachtheil, da die Personen und Zustände, auf die es dabei ankommt, durch den Zeitverlauf der Veränderung unterliegen können. Grundsätzlich gehört nothwendig die Erörterung und Feststellung der Thatsachen in diejenige Instanz, in welche sie zulässigerweise gebracht sind, da die Entscheidung sonst nicht auf der wahren Lage der Sache beruhen kann. Und der Verlust einer Instanz ist für denjenigen, der schließlich Recht behält, schon wegen des Kostenpunktes nicht unerheblich.

Es ist gewiß eine der trübsten Erfahrungen, die ein Richter machen kann, wenn er zusehen muß, wie eine verschmitzte Partei über den ehrlichen Gegner, blos in Folge dessen Unbeholfenheit, Rechtsvortheile erlangt; und es liegt in der Natur des edlen Berufes, daß der Richter alles thut, was in seiner Macht steht, um das zu verhüten. Allein seine Macht reicht jetzt nicht weit. Dieses Widerstreben der besseren Ueberzeugung gegen die Anwendung der vom Gesetz gegebenen Regeln macht, wie sich in vielen Fällen ergeben hat, die Praxis unsicher, und selbst der höchste Gerichtshof ist mit seinen Principien noch keineswegs überall im Reinen.

Vergleicht man den jetzigen Zustand — der auf Richter und

---

1) Nach Inhalt der Acten ist es oft außer Zweifel, daß beide Theile keine Ahnung davon gehabt haben, es sei von dem einen oder andern etwas versäumt, daß sie vielmehr einig waren, es komme nur noch auf den Beweis an.

Parteien demoralisirend zu wirken geeignet ist — mit der Praxis der Gerichtsordnung, so fällt der Vergleich, — das wird Jeder, der diese noch aus eigner Anschauung kennen lernte, zugeben müssen, — sehr zum Vortheil der Gerichtsordnung aus. Da war von einer Unsicherheit in der hier fraglichen Beziehung nicht die Rede. Die Parteien waren sicher, daß ihre Unbeholfenheit sowenig als bloße Unachtsamkeit einen wirklichen Rechtsverlust zur Folge haben konnte, und der Richter, der bei der schließlichen Entscheidung Contumacialfolgen in Anwendung brachte, that dies nur in der vollen Ueberzeugung, daß der Gerechtigkeit — dem materiellen Recht — damit kein Abbruch geschehe. — Heutzutage laufen die Parteien bei dem besten Willen, ihren Prozeßpflichten zu genügen, auf jedem Schritte Gefahr, in die Schlinge einer Contumacialfolge zu gerathen und dadurch an ihrem guten Recht Einbuße zu erleiden; dem Richter aber fehlt oft jene beruhigende Ueberzeugung, er muß sich begnügen, daß formell das Recht des positiven Gesetzes zur Geltung kommt, und bei der mündlichen Verhandlung ist er nicht selten im Zweifel, ob und wieweit er im Interesse der objectiven Wahrheit noch an eine oder die andre Partei eine Frage richten darf.

§. 37. Der wohlthätige Einfluß der oben empfohlenen Uebertragung der Prozeßführung auf die Rechtsanwalte würde sehr bald der Praxis diejenige Consequenz und Sicherheit wieder geben, deren sie zu einer ersprießlichen den Anforderungen an eine gute Rechtspflege nach allen Seiten hin entsprechenden Wirksamkeit dringend bedarf. Stehen dem Richter behufs Ermittelung der Wahrheit statt der rechtsunkundigen, in der Fähigkeit unendlich verschiedenen Parteien, dazu berufene Rechtsverständige zur Seite, so wird ein Zweifel darüber, was unstreitig und streitig sei, gar nicht aufkommen können und die Anwendung eigentlicher Contumacialfolgen nach der Litiscontestation dadurch von selbst wegfallen. — Nur wenn die Rechtsanwalte etwas versäumen, kann den Parteien dadurch ein Nachtheil erwachsen. Die Regreßpflichtigkeit des Anwalts gewährt zwar einige Garantie gegen Vernachlässigung, doch kann die Geltendmachung ihre Schwierigkeit haben.

Anwendung der Contumacialfolgen nach der Litiscontestation.

Da die Rechtsanwalte vom Staate berufen und die Parteien auf ihren Beistand angewiesen sind, so kann es einerseits keinem Bedenken unterliegen, sie für den Fall einzelner Vernachlässigungen einer gesetzlich geregelten Disciplin der richterlichen Behörden zu unterwerfen; andrerseits erscheint es billig, die Parteien vor solchen Rechtsnachtheilen, soweit dies irgend thunlich, zu bewahren. Eine Vernachlässigung kann eintreten

a. durch Versäumung der Frist zur schriftlichen Aeußerung [1]), oder

b. durch Versäumung der Audienz.

ad a. Eine Frist muß innegehalten werden können [2]), und wenn eine kurze Restitutionsfrist ob culpam advocati im Interesse der Parteien zulässig erscheint, so ist zugleich vom Gesetz eine erhebliche Geldstrafe für jeden Tag der Versäumniß zu bestimmen, vorbehaltlich des Anspruches der Parteien auf Vergütung von Zinsen und Schäden.

ad b. Anders verhält es sich freilich mit dem Erscheinen zu einer festbestimmten Zeit; die Versäumung der Audienz kann eintreten ohne wirkliche Verschuldung des durch einen plötzlich eingetretenen Umstand verhinderten Sachwalts.

Wenn, wie §. 32 vorgeschlagen worden, die schriftliche Vorbereitung der Audienz Sache der Rechtsanwalte ist, das Gericht mithin durch die seinen Acten einverleibten Schriftsätze sich vollständig von dem beiderseitigen Vorbringen informirt befindet, so wird in der Regel ein Nachtheil aus dieser Versäumniß nicht entstehen, und es erscheint hiernach eine Vorkehrung im Interesse der Partei minder dringend nöthig, als gegen die Versäumung eines Schriftsatzes. — Allein abgesehen von dem Verluste der Rechtsvertheidigung kann es von Wichtigkeit sein, Neues, insbesondre zur Beweisführung gehöriges, vorzubringen, was an sich noch zuläßig ist, so namentlich in der Appellationsinstanz, wo jedem Theile nur Ein Schriftsatz gestattet wird [3]). Für diesen Fall muß

---

1) Im rheinischen Prozeß hat das nur die Folge, daß der Gegner sofort die Sache zur Audienz bringen kann; die Vertheidigungsmittel gehen dadurch nicht verloren. In gewissen Fällen muß aber der nachlässige Anwalt zur Strafe u. s. w. verurtheilt werden.

2) Damit über den Beginn der Frist kein Irrthum obwalten könne, erscheint es nothwendig, daß der Insinuationsbeamte den Tag der Behändigung auf dem Original, welches die Partei oder der Anwalt erhält, vermerke.

3) Für die mündliche Verhandlung würde es zum Vortheil gereichen, wenn die Rechts-Anwalte verpflichtet wären, das Neue, was sie Thatsächliches und behufs der Beweisführung vorzubringen haben, schriftlich verfaßt mitzubringen und zu verlesen; die Schrift wäre dem Protokoll des Gerichts beizu-

es ein Mittel geben, die Folgen **unverschuldeter** Versäumniß abzuwenden, ähnlich der im Code de proc. art. 157, 160, 161, 162 al. 2 zugelassenen Opposition bei dem Gericht, welches in Abwesenheit des einen Theiles erkannt oder einen Beschluß erlassen hat. Die im Art. 161 erwähnte Bezugnahme auf bereits vorgebrachte Vertheidigungsgründe würde in unserm heutigen Prozesse wegfallen, da die Schriften des Nichterschienenen in den Gerichtsacten vorliegen und in Betracht gezogen sind. — Von Erfolg wird die Opposition nur sein können, wenn das Gericht die Gründe derselben erheblich genug findet, seinen Beschluß zurückzunehmen, oder — z. B. wo es noch auf Beweiserhebung ankommt, — zu ergänzen. Es kann nicht behauptet werden, daß hierdurch der Rechtsgang eine ungehörige Verzögerung erleide, da wenn der Rechtsanwalt Zeit gehabt hätte, das eingetretene unabwendbare Hinderniß anzuzeigen und zu bescheinigen, die Vertagung der Verhandlung nicht hätte versagt werden können. — Da bei der jetzt bestehenden Einrichtung die blos versäumte mündliche Rechtsvertheidigung — Deduction — so leicht keinen Grund zur Einlegung der Opposition abgeben wird, so liegt es auf der Hand, daß dergleichen Fälle nur sehr selten vorkommen werden. Um Mißbrauch zu verhüten, wird es genügen, wenn dem Gericht die Befugniß beigelegt wird, den Rechtsanwalt, welcher sein Ausbleiben nicht genügend zu entschuldigen vermag, in eine empfindliche Ordnungsstrafe zu nehmen.

Schluß-Betrachtung.

§. 38. Es kann hier nicht der Ort sein, weiter in das Einzelne einzugehen; es kam nur darauf an, die leitenden Grundsätze des Prozesses darzustellen und ihren Maastab an die concrete Gestaltung zu legen. Werden dieselben anerkannt, so ergeben sich die zu ihrer Durchführung nothwendigen Anordnungen von selbst, und die in Obigem hier und da gemachten Vorschläge sind eben nur Andeutungen, auf die weiter kein Gewicht gelegt wird,

---

fügen und ein Duplikat dem Gegner zu behändigen. Dann könnte nicht, wie jetzt zuweilen vorkommt, behauptet werden, es sei bei der Niederschreibung, — die ohnehin zu einem oft lässigen Aufenthalt gereicht — etwas versehen worden. Aus einem in fließender Rede gehaltenen Vortrage dasjenige herauszugreifen, was nach Lage der Sache in das Protokoll aufzunehmen ist, hat oft einige Schwierigkeit.

indem sie nur die Thunlichkeit der Abhülfe vor Augen legen sollen.

Die häufige Hinweisung auf die rheinische Prozeßordnung wird durch die Erwägung gerechtfertigt sein, daß, wenn wir in den hier fraglichen Beziehungen uns deren Grundsätze angeeignet haben, wir uns auch den Folgerungen daraus nicht entziehen und dabei sehr wohl in Betracht nehmen können, wie dort der Ausbau des Rechtsganges auf dem Boden der Praxis erwachsen ist und durch lange Uebung sich bewährt hat, ohne diesen Ausbau und dessen Formen deshalb zum Muster zu nehmen. — Unsre Prozeß-Ordnung muß auf dem Grund und Boden unsrer Praxis erwachsen, und mit diesem Grund und Boden, zu welchem wesentlich die jetzt alte Gerichtsordnung gehört, können wir sehr wohl zufrieden sein. Das fortgesetzte Streben der Gesetzgebung nach Zweckmäßigkeit der Einrichtungen ist im Allgemeinen nur anzuerkennen. Aber der zu weit getriebenen Zweckmäßigkeit in Verfolgung des Einen Zweckes,

Beschleunigung und Abkürzung der Prozesse,

welcher doch nicht überall und allein maaßgebend sein darf, ist entschieden entgegenzutreten.

Im ordentlichen Prozeß treten die hervorgehobenen Uebelstände oft genug hervor und gereichen besonders unberathenen oder übelberathenen Parteien zum Nachtheil. Geschieht das in erster Instanz, so läßt sich in der zweiten der Rechtsnachtheil allenfalls noch abwenden, und es treten deshalb jene Uebelstände im ordentlichen Prozesse selten so grell zu Tage, als im Bagatellprozeß, wo es kein ordentliches Rechtsmittel giebt. Es bedarf daher diese Gattung von Prozessen noch der besonders aufmerksamen Erwägung.

Der Bagatellprozeß.

§. 39. Unter Bagatellsachen verstand schon die Gerichtsordnung solche, deren Gegenstand nicht mehr als 50 Thlr. betrug. Bei Verhandlung derselben — Titel 26 — waren die allgemeinen Vorschriften anzuwenden — §§. 4, 15, 19. — Der Hauptunterschied von dem ordentlichen Prozeß bestand darin, daß die Instruction von dem Deputirten ohne alle Rückfrage an das Collegium selbständig bis zum Schluß geführt wurde — §. 5. — Die Entscheidung erfolgte bei dem Collegium — §§. 7, 17, 20 — wenn ein solches vorhanden war — §. 23. — Der frühere Bagatell-Prozeß.

Ein Rechtsmittel fand gegen Entscheidungen der Ober-Gerichte bei Objecten bis zu 30 Thlr. nicht statt; zwischen 30 und 50 Thlr. die Appellation; — Tit. 14, §. 3 Nr. 1. cf. Tit. 26, § 8 ff. — Durch den §. 108 des Anhanges zur Allg. G.-O. wurde auch diese Appellation abgeschafft; die vom Collegium des Obergerichts ergangenen Entscheidungen waren hiernach unanfechtbar.

Gegen Entscheidungen der Untergerichte fand — anfangs bei Gegenständen über 10 bis 50 Thlr., in Folge des gedachten §. 108 des Anhanges nur von 20 bis 50 Thlrn. — die Appellation statt; für Sachen von minderem Belange waren jedoch die Obergerichte ermächtigt, im Beschwerdewege den etwanigen Mängeln der Verhandlung oder Entscheidung — insbesondre wenn gegen klare Lage der Sache oder gegen klare Rechte gesprochen worden — durch eine einfache Resolution abzuhelfen. — Tit. 26, §. 18.

§. 40. Durch die Verordnungen vom 1. Juni 1833, §§. 66 bis 69 und vom 21. Juli 1846, §. 28, hat der Bagatellprozeß zuvörderst zwei wesentliche Neuerungen — und ohne Zweifel Verbesserungen — erfahren, indem Der heutige Bagatell-Prozeß.

a. die Verordnung auf die Klage in allen Fällen, wo es auf Zahlung einer Geldsumme oder Gewährung andrer vertretbarer Gegenstände ankommt — und das ist bei den meisten Sachen der Fall — in Form eines Mandats erfolgt, welches mit Ablauf der gestellten Frist rechtskräftig wird. Nur, wenn der Beklagte Widerspruch erhebt, kommt die Sache zur Verhandlung, und es werden auf diese

Weise alle diejenigen Sachen, in denen der Anspruch nicht bestritten wird, auf die einfachste Weise erledigt, ohne daß es wie früher, der Abhaltung eines Termines bedarf.

b. Die Verhandlung und Entscheidung ist in Eine Hand gelegt.

Die Erfahrung hat ergeben, daß schon unter der Herrschaft der Gerichtsordnung die Bagatellsachen im Allgemeinen bei den Einzelnrichtern, denen nicht blos die Instruction, sondern auch die Entscheidung oblag, die beste Behandlung fanden. Es liegt in der Natur der Sache, daß der Richter, der den Prozeß vollständig zu erledigen hat, einestheils von selbst bedacht sein wird, jeden irgend abwendbaren Aufenthalt zu vermeiden, anderntheils aber doch sich veranlaßt finden muß, gründlich auf die Sache einzugehen, indem er sich selber dadurch die rechtliche Entscheidung erleichtert.

Wenn dieser Erfolg eintrat bei dem elastischen Verfahren der Gerichtsordnung, so war derselbe jetzt noch mehr gesichert durch die in der Verordnung vom 1. Juni 1833, §. 66 verfügte Ausdehnung der Grundsätze des summarischen Prozesses — also der Verhandlungs- und Eventualmaxime — auf den Bagatellprozeß, vermöge welcher die Parteien in der Nachbringung von Angriffs- und Vertheidigungsmitteln beschränkt sind. Das hat sich denn auch bewährt, besonders in sofern, daß die Bagatellsachen jetzt überall eine sehr prompte Erledigung finden.

Das Rechtsmittel der Appellation findet in Bagatellsachen, seitdem dasselbe gesetzlich auf Gegenstände über 50 Thlrn. eingeschränkt ist, keine Anwendung mehr; dagegen ist die früher schon bei Objecten unter 20 Thlr. zulässige einfache Beschwerde in das außerordentliche Rechtsmittel des Recurses umgewandelt, welches schließlich in dem Gesetz vom 20. März 1854, §§. 5 bis 12 seine vollständige Regelung gefunden hat[1]).

---

1) Der §. 6 dieses Gesetzes lautet: „Der Recurs ist nur zulässig:

1. wenn gegen die klare Lage der Sache erkannt ist, oder erhebliche Thatsachen unbeachtet gelassen, oder wesentliche Prozeßvorschriften verletzt sind;
2. wenn das Urtheil einen Rechtsgrundsatz verletzt, — er möge auf einer ausdrücklichen Vorschrift des Gesetzes beruhen oder aus dem Sinne und Zusammenhange der Gesetze hervorgehen, — oder wenn dasselbe einen solchen Grundsatz in Fällen, wofür er nicht bestimmt ist, in Anwendung bringt."

Es erfolgt also nur eine Prüfung der ergangenen Entscheidung nach Inhalt der Verhandlungen, und der Recurrent darf sich nicht, wie der Appellant, auf neue Thatsachen und Beweise berufen.

Die Verhandlung erfolgt grundsätzlich mit den Parteien in Person, — wer sich ohne Noth vertreten läßt, hat keinen Anspruch auf Erstattung der dadurch entstehenden Kosten. Die Contumacialfolgen sind dieselben, wie im gewöhnlichen Prozeß, nur treten sie vermöge der Natur des Bagatellprozesses öfter und schärfer hervor.

Contumacial-Folgen. a. Bei versäumtem Widerspruch.

§. 41. Hat der Beklagte dem Anspruche des Klägers, weil derselbe richtig ist, nichts entgegenzusetzen, so ist kein Grund für ihn vorhanden, Widerspruch zu erheben. — Auch wenn er etwas einzuwenden hat, bleibt es ihm unbenommen, sich mit dem Kläger außergerichtlich auseinanderzusetzen und zu vergleichen; — ja es steht in seinem Belieben, auf jede Einrede zu verzichten. Das Gericht ist unbedingt berechtigt, von demjenigen Beklagten, der keinen Widerspruch erhebt, anzunehmen, daß er der Klage nicht widersprechen wolle; seine Gründe gehören ihm.

Die Frist zur Erhebung des einfachen Widerspruches beträgt der Regel nach 14 Tage, und da nichts weiter dazu gehört, als die schriftliche oder zu Protokoll gegebene

„Erklärung, daß der Klage widersprochen werde",

so ist diese Frist unbedenklich vollkommen genügend. Nach ihrem Ablauf ist das Mandat rechtskräftig und der Beklagte seiner Einwendungen verlustig. — Allg. L.-R. I, 16, §. 383. —

Das Gesetz gestattet hiergegen noch eine zehntägige Frist zur Restitution, welche ohne Weiteres ertheilt wird. Das ist sehr milde, da nicht abzusehen ist, warum eine geräumige Zeitfrist nicht sollte beobachtet werden können und die Möglichkeit eines Hindernisses zwar nicht zu bestreiten ist, aber keinesweges nahe liegt.

Jedenfalls ist in solcher Weise dem Beklagten vollkommen genügender Raum zu seiner Vertheidigung gegeben und er hat es nur sich selbst beizumessen, wenn er davon keinen Gebrauch macht.

Das setzt aber nothwendig voraus, daß die Klage und das Mandat des Gerichts zur Kenntniß des Beklagten gelangt ist. In allen Fällen, wo die Behändigung nicht an den Beklagten persönlich erfolgte, liegt die Möglichkeit sehr nahe, daß das nicht der Fall sei. Es ist z. B. in dem Falle, wo der alleinstehende Beklagte auf 4 Wochen verreiset und das Mandat durch Anheften an die Thür seiner Wohnung insinuirt ist, die Wahrscheinlichkeit dagegen. In dieser Beziehung kann nur auf das oben §§. 34 und 35 Gesagte verwiesen werden. — Es ist nicht zu verlangen, daß das Gesetz jede unglückliche Verkettung von Umständen, durchwelche eine Partei ohne ihr Verschulden Rechtsverluste erleiden kann, voraussehe, aber so nahe liegende und durch die gesetzlichen Einrichtungen selbst gegebene Möglichkeiten dürfen nicht unberücksichtigt bleiben.

Die Zulassung des Widerspruches bei der dem Beklagten persönlich bekanntwerdenden Executionsvollstreckung, zumal wenn sie allenfalls beschränkt wird auf die Fälle:

a. wo das Mandat dem Beklagten nicht persönlich behändigt ist;

b. wo der Beklagte durch Staatsdienstverhältnisse — insbesondre als Soldat — in Befolgung höherer Befehle Widerspruch einzulegen behindert war [1]),

ist für den Kläger nicht lästig, da es in seiner Hand liegt, die Nachsuchung der Execution zu beschleunigen; er wird hiezu um so mehr veranlaßt sein, wenn — was gewiß gerechtfertigt erscheint — die Rechtskraft des Mandats in einer gewissen Zeit erlischt; der Beklagte kann aber nur in dieser Weise vor der Gefahr, ungehört verurtheilt zu sein, bewahrt werden.

b. Nach erhobenem Widerspruch.

§. 42. Hat der Beklagte Widerspruch erhoben, so ist nun weiter kein Zweifel, daß ihm der Anspruch bekannt geworden ist. Er hat zu erkennen gegeben, daß er sich auf den Prozeß einlassen wolle — Vadimonium geleistet — es liegt ihm also auch ob, seine weitere Prozeßpflicht zu erfüllen und in dem zur vollständigen Beantwortung der Klage und weiteren Verhandlung der Sache bestimmten Termine zu erscheinen. Thut er das nicht, so ist der Richter unbedenklich berechtigt, auf Antrag des Klägers gegen ihn in contumaciam zu verfahren und zu erkennen.

Zuweilen wird mit dem Widerspruch eine Einlassung auf die Klage verbunden. Daß diese nicht, — wie von manchen Einzelrichtern geschieht, ganz unberücksichtigt bleiben darf, versteht sich von selbst; es ist vielmehr auch beim Ausbleiben des Beklagten auf Grund seiner Einlassung die Sache mit dem Kläger weiter zu verhandeln und was danach Rechtens, zu beschließen.

Doch ist von diesem Falle, als einer Ausnahme von der Regel, hier abzusehen; das Gesetz erfordert weiter nichts, als den

---

1) Diese Rücksicht hat theilweise zu dem Institut der Restitution bei den Römern Anlaß gegeben. l. 1. §. 1 Dig. exquibus caus. majores (IV, 6). — In den Jahren 1848—1850 ist es mehrfach vorgekommen, daß plötzlich zur Fahne berufene Landwehrmänner unwiderruflich in contumaciam verurtheilt worden; im Rechtswege war ihnen nicht zu helfen.

einfachen Widerspruch des Beklagten, um den Anspruch als einen streitigen zur Verhandlung zu stellen, — den Prozeß darüber beginnen zu lassen. Die Frage ist also:

Was ist die Folge, wenn nach einfach erhobenem Widerspruch der Beklagte im Termine ausbleibt?

Nach den Grundsätzen des gemeinen Prozesses, der die Klage schon dann für geleugnet erachtet, wenn der Beklagte sich gar nicht äußert, müßte das hier um so mehr zutreffen, wo der Klage ausdrücklich widersprochen ist. Allein, wie oben ausgeführt, ist die Fiction: „der Beklagte leugne Alles", eben sowenig gerechtfertigt, als die entgegengesetzte: „der Beklagte habe Alles ausdrücklich zugestanden."

Aus dem einfachen Widerspruch läßt sich zwar ersehen, daß der Beklagte nicht gesonnen sei, der Anforderung des Klägers ohne weiteres zu genügen; dagegen bleibt es völlig ungewiß, ob der Widerspruch gegen die ganze Forderung oder nur gegen einen Theil derselben, oder gegen ihre Fälligkeit gerichtet ist, — ob und welche Thatsachen geleugnet werden sollen, — oder ob dem Beklagten etwa selbständige Einreden zu Gebote stehen. Der Widerspruch entbehrt daher jeder näheren Rechtfertigung, und in Erwägung dessen kann der Richter dem Kläger, wenn sein Antrag an sich begründet erscheint, die Verurtheilung des ungehorsam ausgebliebenen Beklagten füglich nicht verweigern.

Daß nach den heutigen Prozeßregeln die Verurtheilung stets geschieht und geschehen muß, versteht sich von selbst. Da solche Verurtheilung aber lediglich darauf beruht,

daß der Beklagte sich auf die in der Klage vorgetragenen Thatsachen nicht eingelassen habe und dieselben deshalb für zugestanden gelten müssen,

— folglich dem wesentlichen Inhalte nach einem reinen Contumacialbescheide so ähnlich ist, wie ein Ei dem andern, und sich nur formell dadurch unterscheidet, daß hier des nicht zu beachtenden allgemeinen Widerspruches in den Motiven Erwähnung geschieht — so waren Anfangs viele Gerichte geneigt, solche Entscheidung als Contumacialbescheid anzusehen, und ertheilten dagegen die Restitution, gemäß dem §. 31 der Verordnung vom 21. Juli 1846.

Dagegen wurde geltend gemacht:

durch den Widerspruch sei die Sache bereits in die Verhandlung eingetreten und der Anspruch bestritten; das

Urtheil ergehe also nun über einen geführten Streit — in contradictorio — und wenn auch dabei die Contumacialfolgen in Anwendung gebracht würden, so sei doch gegen ein solches Contumacial-Erkenntniß die Restitution unstatthaft; das Gesetz lasse dieselbe bereits zu gegen die in Stelle des Contumacial-Bescheides tretende Rechtskraft des Mandats, und eine zweimalige Restitution in derselben Instanz würde nur zum Verschleif der Sache gereichen.

Diese strengere Auslegung hatte in der — lange schwankenden Praxis bereits das Uebergewicht erlangt, als sie durch das Gesetz vom 20. März 1854 sanctionirt wurde, dessen §. 4 lautet:

„Wenn im Bagatellprozeß-Verfahren gegen das erlassene „Mandat Widerspruch erhoben, und der Beklagte nach erfolgter Vorladung beider Theile zur vollständigen Klage- „beantwortung und mündlichen Verhandlung wegen seines „Ausbleibens im Termin auf Grund der stattgehabten Con- „tumacialverhandlung verurtheilt worden ist, so findet gegen „das Erkenntniß nicht das Rechtsmittel der Restitution, „sondern nur das Rechtsmittel des Recurses statt."

Die Motive dieser Vorschrift sind in der vorhin erwähnten schon früher in der Praxis geltend gemachten Ausführung enthalten; es wird davon ausgegangen, daß ein solches Erkenntniß, wenn es auch auf Contumacialfolgen beruhe, doch in contradictorio erlassen sei, — was damit in Verbindung steht, daß bei consequenter Anwendung der heutigen Contumacialfolgen eine blos mangelhafte Auslassung zu demselben Resultat führen kann, als das gänzliche Unterlassen jeder Erklärung zur Sache. — Eine Entscheidung in contradictorio setzt aber nothwendig die Litiscontestation voraus, denn es liegt im Begriff des Urtheils daß es einen Streit zwischen den Parteien entscheide. Soll nun hier von einem Streite die Rede sein, so müßte consequenterweise der Widerspruch als ein Bestreiten der Klage ihrem ganzen Inhalte nach betrachtet werden. Während aber in der That einerseits der Widerspruch zum Nachtheil des Beklagten für Nichts geachtet wird, muß andrerseits das Vorhandensein desselben dazu dienen, eine Litiscontestation zu fingiren, um das Contumacial-Erkenntniß zu einem in contradictorio ergangenen zu stempeln und damit die Versagung der Restitution zu rechtfertigen. Wie stimmt es damit zusammen, daß der Beklagte doch zu dem Termine ausdrücklich behufs Beantwortung der Klage geladen wird? — Der Widerspruch ist in Wahrheit nichts weiter als

die Bitte des Beklagten um rechtliches Gehör. —

Das Gesetz vertröstet zwar schließlich den Beklagten auf das ihm noch offenbleibende Rechtsmittel des Recurses; das ist aber — s. v. v. — eine ungeheure Ironie. — Denn da der Recurs nur eine Prüfung der angefochtenen Entscheidung nach Inhalt der vorhergegangenen Verhandlungen zur Folge hat, hier es aber an solchem Inhalte für den Beklagten fehlt, und neue Anführungen nicht berücksichtigt werden dürfen, so liegt es auf der Hand, daß in solchem Falle der Recurs gar keinen Erfolg haben kann[1]). Dies Rechtsmittel ist ein Messer ohne Klinge, dem der Griff fehlt; durch Zulassung desselben werden die Parteien nur verleitet, die dadurch entstehenden Kosten unnützerweise aufzuwenden.

Sonach giebt es für den Beklagten, der nach erhobenem Widerspruch wegen Versäumung des Termins in contumaciam verurtheilt ist, keine Abhülfe; die Verurtheilung ist unwiderruflich.

Früher mußte der Kläger bis 12 Uhr warten, und der vielleicht zu 9 Uhr geladene Beklagte wurde noch gehört, wenn er nur vor 12 Uhr erschien. Jetzt muß er pünktlich zu bestimmter Stunde des Aufrufs gewärtig sein; tritt er beim Aufruf der Sache nicht vor, so erfolgt auf Antrag des gegenwärtigen Klägers sofort seine Verurtheilung.

Es leuchtet ein, daß die Innehaltung nicht nur der Stunde, sondern der Minute, auch dem ordentlichsten Menschen zuweilen unmöglich wird. Bei einem vor dem Termin eingetretenen Hinderniß kann der Beklagte zwar, wenn er eine glaubhafte Bescheinigung darüber beizubringen vermag, die Verlegung des Termins erlangen. Allein ein plötzliches Hinderniß kann ihn auch so kurz vor dem Termine, — auf dem oft meilenweiten Wege dahin — betreffen, daß dazu keine Gelegenheit mehr ist[2]). Das Reich der Möglichkeiten auf dem Gebiete des Zufalls ist groß.

---

1) Die Möglichkeit eines Erfolges wäre allerdings in dem Falle vorhanden, wo die Klage an sich ganz unbegründet ist. Da eine solche Klage aber gar nicht hätte eingeleitet werden sollen, so ist dies ein abnormer Fall, eine höchst seltne Ausnahme von der Regel.

2) Folgender Fall kam vor Jahr und Tag vor: Der Beklagte, Inhaber eines offenen Ladens, war zu 10 Uhr geladen. Um 9 Uhr wird er bestohlen,

Am grellsten tritt die Unbilligkeit zu Tage, wenn der Beklagte seinen guten Willen, den Termin abzuwarten, dadurch zu erkennen giebt, daß er wenige Minuten nach dem Aufruf der Sache in das Gerichtszimmer tritt. Wie haarscharf es hierin von der Praxis genommen wird, ergiebt folgendes Princip, welches im Jahre 1851 bei einem Appellationsgericht als Norm angenommen wurde:

„In dem Falle, wenn der Beklagte, nachdem er gegen das aus §. 28 der Verordnung vom 21. Juli 1846 erlassene Mandat Widerspruch erhoben, in dem zur Klagebeantwortung und weiteren mündlichen Verhandlung angesetzten Termine nicht ganz pünktlich, obwohl noch vor Abschluß der Sache und bevor ihn der Richter in contumaciam verurtheilt hat, erscheint, steht dem Beklagten gegen das auf Contumacialannahme beruhende Erkenntniß

weder das Rechtsmittel der Restitution noch das Rechtsmittel des Recurses

zu."

Die Abschneidung auch des Recurses beruhte auf der ganz richtigen Erwägung, daß derselbe keine Abhülfe gewähren könne. Das ist durch das oben angezogene Gesetz von 1854 geändert. Auch ist — soviel bekannt — in neuerer Zeit die Praxis ziemlich allgemein zu dem entgegengesetzten Princip gelangt:

daß wenn der Beklagte während der Verhandlung erscheint, derselbe noch gehört werden muß.

Wie hierüber nur irgend ein Zweifel hat aufkommen können, das wird dem schlichten gesunden Menschenverstande schwer einleuchten, und es ergiebt sich hier recht klar, auf welche Abwege es führt, wenn das dem heutigen Prozeß eingeimpfte Princip:

der Richter könne nur formales Recht gewähren, und es komme nur darauf an, es so schnell als möglich zu gewähren,

auf die äußerste Spitze getrieben wird. Durch das unbedingte im Gesetz gegebene Recht des Gegners auf Anwendung der Con-

---

verfolgt den Dieb, erhascht ihn und liefert ihn auf die nächste Polizeiwache, wo Beklagter genöthigt ist, seine Aussage zu Protokoll zu geben. Mit einem vollständigen amtlichen Zeugnisse über den Hergang versehen, erscheint er um $10\frac{1}{2}$ Uhr auf dem Stadtgericht, aber er ist bereits rite verurtheilt. Auch auf dem Recurswege war ihm natürlich nicht zu helfen.

tumacialfolge sind dem Richter die Hände gebunden; er ist genöthigt, vor der oft darin liegenden höchsten Unbilligkeit seine Augen und Ohren zu verschließen[1]).

Daß, wenn die nur wenige Minuten erfordernde Verhandlung einmal geschlossen und das Contumacialurtel publicirt ist, der unmittelbar darauf eintretende Beklagte nicht mehr gehört und der noch anwesende Kläger zum Eintreten in eine Verhandlung nicht angehalten werden kann, darüber besteht gar kein Zweifel. — Manche in der Provinz einzeln stehende Richter können sich nicht darin finden, daß dies Rechtens und es einerlei ist, ob der Beklagte sich nach einer Minute oder nach einigen Tagen meldet, und es ist mehrfach vorgekommen, daß der Protestation des Klägers ungeachtet die Verhandlung der Sache zwischen den Parteien vorgenommen und demnächst aus völlig zutreffenden Gründen zum Nachtheil des Klägers erkannt worden. Da mußte denn auf den Recurs des Klägers die nachträgliche Entscheidung aufgehoben und das Contumacial-Erkenntniß aufrecht erhalten werden — ganz abgesehen von dem Inhalte der nachträglichen Verhandlung, nach welcher zu einer Abänderung der darauf gegründeten Entscheidung kein Anlaß gegeben wäre, weil darnach der Kläger wirklich nicht Recht hatte. — Der Recurs des Klägers wird in solchem Falle auch dann von Erfolg sein, wenn seine ausdrückliche Protestation gegen die weitere Verhandlung aus dem Protokolle nicht erhellet; man wird die weitere Verhandlung nur dann in der Ordnung finden können, wenn der Kläger auf das aus der Contumacialentscheidung erworbene Recht ausdrücklich verzichtet hat; — Allg. L.-R. I, 16, §. 381 — es versteht sich aber von selbst, daß er das nur thun wird, wenn er ein sehr redlicher und billig denkender Mann, zugleich aber auch von dem Unrecht seines Gegners nicht völlig überzeugt ist[2]).

---

1) „Verdammt den Richter nicht, er darf nicht billig sein;
Für ihn ist das Gesetz von Eisen,
Und seine Pflichten sind von Stein,
Ihn taub und kalt nur auf das Recht zu weisen."

Seume.

2) Was Einem recht, ist dem Andern billig. Ein Protokoll d. d. Berlin, den 14. November 1855 lautete wörtlich wie folgt:

„In S. L. gegen B. erschien beim Aufruf der Sache nur der Beklagte und trug auf Acten-Reposition an auf Kosten des Klägers. Nachträglich erschien auch Kläger. Bekl. weigerte sich jedoch mit ihm

Hat der Beklagte Glück, so kann er viel zu spät und doch noch zu rechter Zeit kommen, da beim Andrange der Geschäfte der Aufruf der Sache nicht immer genau zu der in der Ladung bezeichneten Stunde erfolgt; — hat er aber Unglück, so findet er sich vor der bestimmten Zeit ein, entfernt sich dann nach längerem Warten — z. B. eines natürlichen Bedürfnisses halber — auf einige Minuten, und inzwischen wird die Sache aufgerufen. Es hilft ihm nichts, daß der Gerichtsbote seine Anwesenheit im Gerichtslocale anzeigt; der Beklagte ist beim Aufrufe der Sache nicht erschienen, deshalb muß er — so will es das Gesetz — sofort verurtheilt werden. — Daß es einem verschmitzten Kläger leicht gelingen kann, unter Beihülfe eines Dritten das pünktliche Erscheinen des Beklagten zu hintertreiben, ist nicht zu verkennen.

Noch eines Umstandes ist zu gedenken, der schwer ins Gewicht fällt. Nicht alle Uhren geben die gleiche Zeit an; selbst wo es Normaluhren giebt, kommen oft erhebliche Differenzen vor [1]). Der Beklagte kann also verurtheilt werden, weil die Uhr, nach der er sich richten zu können meinte, nicht richtig geht und etwas zurück ist; — aber auch, weil die Uhr des Gerichts — oder in Ermangelung einer solchen, die Taschenuhr des Richters — nicht richtig geht und etwas voraus ist. — Gewiß ist die verfrühte Verurtheilung an sich nichtig, aber wie soll darüber ein Nachweis geführt werden? — Die Uhr des Richters wird immer Recht behalten, mag sie richtig gehen oder nicht. —

Nicht selten bringt auch die Rechtsunkunde solcher Leute, wie sie in Bagatellprozessen aufzutreten pflegen, bei ihrem besten Willen, nichts zu versäumen, die Verurtheilung zuwege; besonders kommt es oft vor, daß die Frau ohne schriftliche Vollmacht des Mannes erscheint. Zwar enthält die Ladung die Belehrung, daß ein Stellvertreter ohne schriftliche Vollmacht nicht zugelassen wird; wenn solche einfache Frau das aber auch wirklich gelesen

---

zu verhandeln, weil er zu spät gekommen. Kl. bat um Ansetzung eines neuen Termins. Es wurde darauf ein neuer Termin auf den 5. December verabredet u. s. w."

So führt die Tendenz, blos mögliche Chikane abzuwenden, in ihrer Consequenz zur Zulassung offenbarer Chikane.

1) In einer Provinzialstadt wollte Jemand mit der um 12 Uhr abfahrenden Post reisen, erschien — nach der in der Stadt als Norm geltenden Thurmuhr — 10 Minuten vor 12 vor dem Postgebäude, die Post war aber schon abgefahren, denn die Normal-Uhr der Post war jener um eine Viertelstunde voraus.

hat, so meint sie — die im täglichen Leben den Mann so oft vertritt — dies doch nicht auf sich beziehen zu dürfen, zumal wenn, wie dies häufig der Fall, der Gegenstand des Streites ganz in den Bereich ihrer eignen Geschäftsführung gehört; sie giebt, da sie selbst über die Sache die beste Auskunft geben kann, ihrem weit entfernt auf Arbeit abwesenden Manne von der ihr insinuirten Ladung gar nicht erst Nachricht, und so wird der Mann, ohne davon zu wissen, in contumaciam verurtheilt. Ja selbst wenn die Frau die Verklagte ist, wird sie verurtheilt, wenn sie ohne ihren Mann erscheint, in Folge der Vorschrift der allgem. G.=O. I, 1, §. 16.

Daß in allen oben dargelegten, in der Wirklichkeit unendlich oft vorkommenden Fällen, wo der Beklagte ohne alle Verschuldung der Ladung pünktlich zu folgen behindert worden, die Versagung des rechtlichen Gehörs eine Ungerechtigkeit ist, kann einer weiteren Ausführung nicht bedürfen. Aber auch da, wo — wie in dem eben erwähnten Falle — bloße Rechtsunkunde, oder wo ein factischer Irrthum z. B. über die Stunde des Termins, oder eine sonstige geringe Nachlässigkeit die Versäumniß herbeigeführt, ist die völlige Abschneidung der Möglichkeit, von dem Richter gehört zu werden, nicht gerechtfertigt. Die Rechtsvertheidigung darf so wenig, als die Rechtserlangung über die Gebühr beschränkt werden, und die Gesetzgebung darf gegen eine Partei, die sich einer geringen Versäumniß durch Zufall oder Versehen schuldig macht, nicht ohne weiteres die Präsumtion feststellen, sie gehöre zu den böswilligen Schuldnern. — Daß der Säumige zur sofortigen Erstattung der Kosten und Versäumniß an den Gegner angehalten wird, ist in der Ordnung; in der Sache selbst muß es aber ein Mittel für ihn geben, rechtliches Gehör zu erlangen, mag es nun Restitution oder Opposition genannt werden. Daß das letztere an sich vorzuziehen sei, ist oben §. 35 ausgeführt.

c. Nach der Litiscontestation.

§. 43. Bis hierher ist nur die Stellung des Beklagten im Nachtheil und es kann dem Kläger leicht ein Gewinn zu Theil werden, der ihm rechtlich nicht gebührt. Weiterhin, nach Beginn der Verhandlung, ist auch der Weg des Klägers nicht ohne Dornen. Ist in der Klage — wenn auch durch Schuld des protokollirenden Auscultators — die Sache von einem unrichtigen Gesichtspunkt aufgefaßt, so kann der Kläger von Glück sagen, wenn er blos angebrachtermaßen abgewiesen wird. Und in

Bagatellsachen ist eine unrichtige Auffassung der Sache leichter möglich und deshalb eher zu entschuldigen, weil es sich gewöhnlich um formlose Rechtsgeschäfte handelt, und weil die Rechts- und oft sogar Geschäftsunkunde der handelnden Personen die Verständigung erschwert. Schon hieraus folgt von selbst, daß Fehler in der Einlassung einer Partei im Bagatellprozeß viel leichter vorkommen und den im §. 36 dargestellten allgemeinen Contumacialfolgen unterliegen, als im gewöhnlichen Prozeß. Dabei ist noch zu erwägen:

a. Die mündliche Verhandlung tritt nicht wie im gewöhnlichen Prozeß nach Zusammentragung des Prozeßmaterials in geräumigen Fristen, welche eine ruhige Ueberlegung gestatten, an die Stelle der früheren Rechtsdeductionen, sondern es soll in ihr von beiden Seiten das Prozeßmaterial vollständig und zwar sofort vorgebracht werden; jede Unachtsamkeit hierbei kann einen erheblichen Rechtsnachtheil zur Folge haben. Ist die Sache nicht ganz einfach — und es giebt sehr verwickelte Bagatellprozesse — so setzt das eine Befähigung voraus, die den einander gegenübergestellten, oft gereizten und aufgeregten Parteien selten beiwohnt.

b. Sie sollen aber ihre Gerechtsame persönlich wahrnehmen; auf Rath eines Rechtsanwalts und Vertretung durch solchen sind sie grundsätzlich nicht angewiesen.

c. Allerdings wird der verständige Richter von seinem Fragerecht Gebrauch machen und Sorge tragen, daß die rechtsunkundige Partei zu der Einsicht gelange, worauf es ankommt und über welche Punkte es ihrerseits einer genauen und bestimmten Erklärung bedarf. Allein er ist nach den heutigen Grundsätzen nicht mehr Vormund der Parteien; ihre besondre Belehrung gehört nicht mehr zu seiner Berufspflicht, der er vollkommen genügt, wenn er der Partei die Auslassung des Gegners verständlich macht, ihre Erklärung erfordert, und den wesentlichen Inhalt derselben zu Protokoll nimmt.

cf. §§. 24 und 25.

Macht er die Partei auf einen Mangel ihrer Erklärung aufmerksam, so thut er schon ein Uebriges; die Folgen des Mangels hat die Partei immer zu tragen, mag sie darüber belehrt sein oder nicht. —

Es kann hier nur wiederholt werden, daß die Rücksicht auf das Recht des Gegners zur Contumacialfolge die Anwendung des Fragerechts stört und unsicher macht.

d. Es wird nicht, wie die Gerichtsordnung will — Th. I., Tit. 10, §. 20 ff. — Alles, was die Parteien erst einzeln und dann gegeneinander gestellt vorbringen, — wie sie zur Vervollständigung ihrer Auslassung aufgefordert, auf die Mängel derselben hingewiesen und darüber belehrt, und was von ihnen darauf erklärt worden u. s. w. ausführlich niedergeschrieben; — sondern das Protokoll soll — wie die Verordnung vom 1. Juni 1833, §. 62, vorschreibt — erst nach beendigter mündlicher Verhandlung aufgenommen werden, und das Sachverhältniß, die Streitpunkte und die Anträge der Parteien nur im Resultat enthalten. — Diese Anordnung ist unbedenklich höchst zweckmäßig und wenn sie mit einiger Umsicht gehandhabt wird, viel mehr geeignet, hervortreten zu lassen worauf es ankommt, als das Niederschreiben einer Menge von Dingen, die für die Sache selbst völlig einflußlos sind. Allein es hängt dies genau zusammen mit dem was sub c. gesagt worden, und ist karakteristisch für den Unterschied des jetzigen Verfahrens von dem früheren. Das Protokoll der Gerichtsordnung sollte zugleich zur Controlle dienen, ob der Richter der ihm obliegenden Fragepflicht vollständig genügt habe; — diese Pflicht ist ihm jetzt abgenommen, es bedarf also auch jener ängstlichen Controlle derselben nicht mehr; die Parteien sind wieder ganz auf ihre eignen Füße gestellt, und mögen selbst zusehen, ob ihre zur Sache gehörigen Erklärungen richtig in das Protokoll aufgenommen sind; thun sie das nicht, so haben sie es sich selber beizumessen. Das liegt in der nothwendigen Consequenz des heutigen Verfahrens und ist an sich ganz in der Ordnung.

Daß auf diese Weise die Stellung der Parteien eine sehr schwierige geworden ist, leuchtet ein. Die Möglichkeit, daß — zumal wenn die Sache nicht ganz einfach ist und der Streit zwischen den Parteien mit einiger Lebhaftigkeit geführt wird — dem von Geschäften bedrängten Richter eine oder die andre wirklich vorgekommene erhebliche Aeußerung entgehen, oder die Aufnahme derselben durch Schuld des Protokollführers unterbleiben könne, ist nicht zu bestreiten. Noch größer ist die Gefahr, wenn der Richter — von einer unrichtigen Rechtsansicht befangen, — erhebliche Punkte als unerheblich bei Seite liegen läßt oder nur flüchtig berührt, indem es ihm genügt, das Resultat der Verhandlung soweit zu fixiren, als es nach seiner Ansicht für die Entscheidung maaßgebend ist, — denn dieses ist nach seiner redlichen Meinung das *wesentliche* Resultat, welches nach der oben angezogenen Vorschrift nur der Aufnahme in das Protokoll bedarf. — Die demgemäß triumphirende Partei wird sich schwerlich veranlaßt finden, die Sache besser verstehen zu wollen als der Richter, und zu verlangen, daß, was dieser zu ihren Gunsten für überflüssig achtet, ins Protokoll aufgenommen werde. Das kann ihr aber in der Recursinstanz sehr zum Nachtheil gereichen.

Beschwerden der Parteien, daß Erklärungen zur Sache, deren Mangel bei der Entscheidung ihnen nachtheilig geworden ist, von ihnen wirklich abgegeben, oder daß sie über den betreffenden Punkt gar nicht befragt worden, kommen in der Recursinstanz zu häufig vor, als daß angenommen werden könnte, sie seien jederzeit ohne Grund. Da ist aber nicht zu helfen. Das gerichtliche Protokoll hat unbedingten Glauben, und muß ihn haben; es ist die Basis des Prozesses, und von einer Erklärung, die es nicht enthält, kann hinterher niemals angenommen werden, daß sie abgegeben sei.

Schutz der Parteien.

§. 44. Der Grundsatz des heutigen Prozeßrechts:

> *daß es nicht die* **Aufgabe** *der Gerichte sein könne, die Parteien vor eignen Mißgriffen zu behüten* und deren rechtliche Folgen von ihnen abzuwenden,

ist unbedingt als richtig anzuerkennen; und wenn es auch den Gerichten unbenommen bleibt, unberathenen und unbeholfenen Parteien den Umständen nach durch milde Rücksichtnahme und verdoppelte Aufmerksamkeit zu Hülfe zu kommen, so haben die Parteien doch auf solche Nachsicht kein *gesetzliches Recht* und dürfen sich nicht beklagen, wenn sie ihnen nicht zu Theil geworden ist. Die Erfolge der Gerichtsordnung haben es außer Zweifel gestellt, daß ohne diesen Grundsatz eine gedeihliche Rechtspflege nicht bestehen kann. —

> Aber es ist eine unabweisbare Forderung der Gerechtigkeit: den Parteien ausreichenden *Schutz gegen Mißgriffe des Richters* zu gewähren.

Dieser Forderung zu genügen, ist für den Bagatellprozeß das Rechtsmittel des Recurses angeordnet und auch dazu an sich geeignet. Allein der Recursrichter kann bei Prüfung der angefochtenen Entscheidung nur den Inhalt der Verhandlung wie sie vorliegt, zu Grunde legen. Ergiebt sich dabei nicht etwa ein offenbarer Verstoß gegen die gesetzliche Ordnung, so ist im übrigen ihr Inhalt, wie schon erwähnt, nothwendig unanfechtbar, und wenn es dem Recursrichter auch sehr glaublich erscheint, daß die Mängel in den Erklärungen der Parteien der unrichtigen oder oberflächlichen Behandlung der Sache Seitens des Richters zuzuschreiben seien, — er ist nicht im Stande, die Folgen solches Mißgriffes bei Verhandlung der Sache, von den Parteien abzuwenden. Es fällt der Partei zur Last, daß sie den Richter nicht besser controllirt hat.

Wenn die Parteien auch für ihre eignen Schritte verantwortlich sind, so stehen sie doch nicht über dem Richter, und es leuchtet von selbst ein, daß die Forderung, sie sollen klüger sein als der Richter und diesem den rechten Weg zeigen, im höchsten Grade unbillig ist. Das Gesetz legt dem Richter die Pflicht auf,

die Verhandlung zu leiten.

Im gewöhnlichen Prozeß ist die Hauptverhandlung bereits geschlossen, wenn die mündliche Verhandlung beginnt; da kann das Gericht sich darauf beschränken, nach gehaltenem Vortrage die Parteien zu Worte kommen zu lassen, und zu erwarten, ob und was sie vorzubringen haben. Im Bagatellprozeß hingegen ist die Leitung der Verhandlung wesentlich eine umfassende, seine Umsicht und Rechtskunde in Anspruch nehmende Thätigkeit des Richters. Er hat dafür Sorge zu tragen, daß durch die gegenseitigen Auslassungen der Parteien das Prozeßmaterial gesammelt und sachgemäß durch die Schrift fixirt werde, und wenn ihm dabei auch nicht obliegt, die Parteien zu berathen und zu belehren, so darf er doch nicht unterlassen, ihnen über jeden erheblichen Punkt eine bestimmte Erklärung abzufordern, insbesondre auch ihnen die Pflicht der Beweisführung vorzuhalten. Dabei muß er sich vergewissern, daß seine Fragen richtig verstanden worden, und daß er die Antworten und die wahre Intention der Parteien richtig aufgefaßt habe; das bringt schon die allgemeine Richterpflicht,

die Parteien zu hören,

mit sich.

Eine Garantie dafür, daß der die Verhandlung leitende Richter dieser Pflicht im vollen Maaße genüge, daß nicht durch Irrthum, Versehen, oder Mangel an Umsicht des Richters — der doch auch nur ein Mensch ist — die Parteien in Schaden kommen, ist dringendes Bedürfniß. An solcher Garantie gegen Mißgriffe des Richters bei Leitung der Verhandlung fehlt es jetzt; sie wird aber in ausreichendem Maaße gegeben sein, wenn die Contumacialfolgen in der Weise wie oben §. 36 vorgeschlagen worden, die der Natur der Sache entsprechende Regelung erhalten. Steht insbesondere fest, daß

a. eine Thatsache nur dann als zugestanden gilt, wenn erhellet, daß die Partei vom Richter darum befragt worden und sich nicht genügend erklärt hat, eben so

b. ein de= oder referirter Eid nur dann als verweigert, wenn erhellet, daß die Partei zur Erklärung darüber vom Richter vergeblich aufgefordert ist;

c. eine Thatsache nur dann als beweislos unbeachtet bleibt, wenn erhellet, daß die Partei vergebens zur Beweisantretung aufgefordert ist,

so wird ein Zweifel über die Vollständigkeit der die Anhörung der Parteien enthaltenden Verhandlung nicht leicht vorkommen können und die Parteien sind vor allen desfallsigen Nachtheilen bewahrt, soweit dies thunlich ist.

Eventual-Maxime.

§. 45. Innerhalb der mündlichen Verhandlung, welche zur Sammlung des ganzen Prozeßmaterials bestimmt ist, kann es keine besondre Abschnitte geben, also auch von Anwendung der Eventualmaxime nicht die Rede sein. Denn die oben angezogene Vorschrift des §. 62 der Verordnung v. 1. Juni 1833 weiset den Richter ausdrücklich an, erst nach vollständiger Anhörung der Parteien mit Abfassung des Protokolls zu verfahren, und die Befugniß der Parteien, zur Sache gehöriges bis zum Schlusse der Verhandlung vorzubringen, kann dadurch nicht beeinträchtigt werden, daß etwa der Richter es angemessen findet, in dem Protokoll die Klagebeantwortung, Replik und Duplik gesondert hervortreten zu lassen; er wird nicht umhin können, nöthigenfalls eine Triplik und Quadruplik hinzuzufügen. — Daß aber nach der Verhandlung, auch wenn nicht sofort die Entscheidung erfolgt, neues Prozeßmaterial nicht mehr beigebracht werden darf, gehört nothwendig zur Ordnung des Prozesses.

Dagegen verträgt es sich sehr wohl mit der Ordnung, wenn

die Verbesserung der Klage im Verhandlungstermine zugelassen wird. Es darf nicht unberücksichtigt bleiben, daß im Bagatell-Prozeß Parteien auftreten, deren Rechts- und Geschäftskunde in der Regel nur gering ist, die sogar oft nicht einmal im Stande sind, in ordentlichem Zusammenhange eine Erzählung des Sachverhalts vorzubringen. Gar leicht kann es da geschehen, daß aus dem nur dürftig dargestellten Sachverhalt nicht die richtigen Folgerungen gezogen sind, — vielleicht auch vermöge der Ansicht des Auscultators, der die Klage aufgenommen hat. — cf. oben §. 25. — Die Folge ist, daß nach geschlossener Verhandlung Kläger angebrachtermaßen abgewiesen wird, und aus demselben Sachverhalt, — vielleicht wegen eines sehr geringen Objects — eine neue Klage anstellen muß. Das ist Verschwendung von Zeit und Mühe für Richter und Parteien, und es ist nicht abzusehen, warum, da beide Theile zugegen sind, nicht sofort die Sache in das richtige Geleise gebracht werden sollte. Es erscheint daher billig und zweckmäßig:

> es ausdrücklich für zulässig zu erklären, daß, wenn die mündliche Verhandlung ergiebt, daß dem unzweifelhaften Sachverhältniß der Klageantrag nicht entspricht, derselbe sofort verbessert und auf Grund dessen die Sache verhandelt werde.

Schluß-Bemerkung.

§. 46. Daß die Berücksichtigung der vorstehenden §§. 44 und 45 aufgestellten Forderungen irgend zum Nachtheil des Verfahrens gereichen könne, wird nicht behauptet werden und eine unbefangene Erwägung wird ergeben, daß ein solches Bedenken nicht berechtigt aber auch nicht begründet sein würde. Verständige Richter tragen schon jetzt kein Bedenken, im Eingange des Protokolls über die mündliche Verhandlung die Berichtigung des Klageantrages, sofern sie sich als nöthig ergiebt, zu beurkunden, und es kann und wird das auch jetzt Niemand mißbilligen, — wenn schon Andre, aus Respect vor der Eventualmaxime, sich vielleicht dazu nicht befugt halten. — Eben so wird ein mit Sorgfalt und Umsicht verfaßtes Protokoll schon jetzt keinen Zweifel darüber aufkommen lassen, daß die Verhandlung richtig geleitet, insbesondre die Parteien über Thatsachen, Eide und Beweisantretung befragt worden. Wird die Anwendung solcher Sorgfalt und Umsicht gesichert, so geschieht nur, was die Parteien zu fordern berechtigt sind.

Wir Alten haben — Allg. G.-O. III., 3, §. 63 — noch ausdrücklich geschworen:

„Insbesondre — — bei der Instruction der Prozesse allen Fleiß, Mühe und Bestreben auf die

vollständige und gründliche Entdeckung der **Wahrheit**

und zugleich auf die

möglichste Beschleunigung der Sachen

zu verwenden."

Die Wahrheit geht, wie sichs gebührt, voran.

Der Eid ist jetzt kürzer und allgemeiner gefaßt, es ist aber sicherlich damit nicht beabsichtigt, die Pflicht des Richters anders aufzufassen. Denn es ist und bleibt seine vornehmste Aufgabe, allen Fleiß anzuwenden:

daß materielles Unrecht nicht formales Recht werde.

Druck von J. Blumenthal in Berlin, Adlerstr. 9.

FSC
www.fsc.org
MIX
Papier | Fördert gute Waldnutzung
FSC® C083411

Kolibri 360 GmbH
Ferdinand-Jühlke-Straße 7
99095 Erfurt, Deutschland
produktsicherheit@kolibri360.de